谢德新 著

两晋脉望

中国画报出版社·北京

图书在版编目（CIP）数据

两晋脉望 / 谢德新著. -- 北京：中国画报出版社，2020.3（2020.6重印）

ISBN 978-7-5146-1747-4

Ⅰ.①两… Ⅱ.①谢… Ⅲ.①中国历史—晋代—通俗读物 Ⅳ.①K237.09

中国版本图书馆CIP数据核字（2018）第096087号

两晋脉望

谢德新 著

出 版 人：于九涛
责任编辑：廖晓莹
责任印制：焦　洋

出版发行：中国画报出版社
地　　址：中国北京市海淀区车公庄西路33号　邮编：100048
发 行 部：010-68469781　010-68414683（传真）
总编室兼传真：010-88417359　版权部：010-88417359

开　本：32开（787mm×1092mm）
印　张：7.5
字　数：150千字
版　次：2020年3月第1版　2020年6月第2次印刷
印　刷：北京通州皇家印刷厂
书　号：ISBN 978-7-5146-1747-4
定　价：48.00元

目 录

晋后宫风景	/ 1
贾家有女	/ 6
司马家乱在子旺	/ 11
少寿多难看晋帝	/ 17
劝君莫为虎伥狼狈	/ 24
王祥这块金字招牌	/ 29
能臣误国在难言	/ 33
朝中大隐见山涛	/ 37
王济之侈与王戎之吝	/ 42
养生、养性和养命——也谈竹林七贤	/ 46
刘琨和祖逖的豪气和饮恨	/ 51
杯中弄影非真影	/ 56
王导的识势用势之术	/ 60
从刘弘拒封女婿谈起	/ 64

豪杰三代血变色 / 68

东晋朝堂两神仙 / 74

王家国宝是活宝 / 79

谢安的沉得住气 / 83

王羲之的拿得起放不下 / 89

朱序其人 / 94

史官的逸事 / 97

勿以己才慢不才 / 103

隐士的无言 / 107

陶渊明的菊、柳、桃花之意象 / 113

晋末一印度和尚 / 119

东晋开国的平叛 / 124

桓氏父子 / 129

谢家子弟 / 136

英雄身后事 / 142

孙恩、卢循之死 / 146

前汉宫闱趣闻 / 150

石勒的传奇人生 / 157

石勒的治国和为人之道 / 163

石季龙王朝的荒淫残暴 / 168

杀人狂苻生 / 174

崇诗的武夫苻坚 / 179

望气善对看顾荣 / 184

乱世奇女 / 189

好色君王也恩爱 / 195

由张华想到李斯 / 200

潘岳及"二十四友" / 206

愍怀太子的悲剧人生 / 210

清廉更贵人不知 / 215

失据进退哀二陆 / 219

历史周期率 / 224

《广陵散》曲尽有余音 / 228

后　记 / 233

晋后宫风景

后宫多故事,晋后宫的故事又别有一番风景。先从真正创立晋朝基业的司马懿说起。司马懿多智善诈,出手狠快,其夫人即后封为宣穆张皇后的张春华也有乃夫之风。司马懿当初在曹操手下时,托辞不仕,伪装风痹,起不了床,独自常以"暴书"打发寂寞。遇有大雨,不知觉地收拾所书之纸,被家中一个婢女窥见。张夫人怕婢女泄密,竟然亲手杀死婢女，并亲自埋葬了她。这样一个忠于夫君的人，年老色衰也失宠。司马懿生病，张夫人想去探视，司马懿竟恶狠狠地说："老物可憎，何烦出也。"意即"老货这么难看，别烦我"。弄得张夫人羞愧要自杀，两个儿子都以绝食抗议，司马懿只得赔礼谢罪，且私下对人说："老物不足惜，虑困我好儿耳。"

司马懿狠，儿子也狠。后被封为景帝的司马师娶了魏征南大将军夏侯尚的女儿，其母亲是魏的公主德阳乡主，史称"雅而识度，帝每有所为，必豫筹划"。这样一位贤良聪明的女人，只因是曹氏家族的直系亲属，担心其影响司马家族的篡权计划，24岁便被司马师用毒药毒死了。刘玄德那句"妻子如衣服"的议论被女性所诟病，司马家族倒真正将女人当成可需可弃的衣服。

司马家族将政治利益放在首位，不讲人情，因此，后来晋室的命运也耍弄了司马家族。晋武帝对女人有些真情，后被女人言所害。他先后诏封的姐妹俩，即两位杨皇后，便弄得他神魂颠倒。后宫媚君，外戚擅权，给晋室之乱埋下了祸根。那个被称为"少聪慧""资质美丽"的武元杨皇后杨琼芝被贾充妻子郭槐收买，吹枕边风劝纳贾氏女为太子妃，即后来祸害无穷的贾南风。"八王之乱"始作俑者应是这个杨琼芝。此女媚功确实不小，年老有病，担心自己死后武帝更换太子，临死前她枕在武帝的膝上，利用"人之将死，其言也善"，推荐自己的妹妹入宫，以巩固杨家专权的地位。这位被封为武悼杨皇后的杨季兰，果不负姐姐之望，为后之后，竭尽全力巩固太子和太子妃的地位。有段时期，贾南风妒忌过分，武帝曾想废了她，武悼杨皇后全仗三寸不烂之舌打消了武帝的念头。她本来好心私下敲打贾南风，不料反结了怨，凶悖的贾南风深恨杨氏专权，伪诏诛国丈杨骏。危急时刻，已成为太后的杨皇后派人用箭射帛书向外求救，反落个"同逆"的罪名，先是被废囚禁，其母又遭折磨。当年荣宠极顶的皇后为保母命，放下太后、婆婆的架子，自折辱己，"截发稽颡，上表诣贾后称妾"，但也无济于事，最后被活活饿死。狠毒的贾南风还怕她去阴间向先帝告冤，"乃覆而殡之，施诸厌劾符书药物以合瘗之"。

贾南风的故事很多，可以单独成篇。继贾南风之后的羊皇后的故事也奇特。这位羊皇后是贾南风被废后被立为惠帝皇后的。推荐她的是权倾一时的孙秀，因她的外祖父与孙秀同族。入宫时，"衣中有火"，预示没有好兆头。后平叛司马伦之乱，众王杀来杀去，你方唱罢我登场，似乎都要拿这位羊皇后说事。你上来废后，我上来再立后，竟然四废五立。中国历史上，说一个人"三上三下"，已是历经坎坷，经历曲折，这位经历了四废五立的羊皇后超出了常人。更奇怪的是，那个名张方的军阀废了立，立了又废，不知里面究竟有何蹊跷。史书对羊皇后的个人特点记载极少，我一直弄不明白，为什么上上下下的那些王和权臣，老是拿羊皇后的废立说事。说她为奸人所立，废去便完了，为何要废了立，立了又废呢？没见羊皇后娘家有多大的政治势力，也没见羊皇后在晋朝有什么机谋权变，但却成了政治风头上摇来摇去的草，沉沉浮浮。羊皇后退场的戏更为精彩。惠帝死后，她甚至担心小叔子当皇帝，自己当不成太后，阴谋立前太子，大约手段不够老辣，没达到目的，但仍尊为惠帝皇后，没受惩罚。后来刘曜攻陷洛阳，她成了俘虏，本来命悬一线，奇怪的是居然否极泰来，被后来称帝的刘曜纳入身边，随后立为皇后。她这已是第六次当皇后了。史书未载她这时有多大年纪，以此推断应是绝色美人吧，虽已不是风华年代，但是风韵犹存，竟然使新皇帝宠幸她,还生了两个儿子。粗莽的"伪皇帝"刘曜还问她:"吾何如司马家儿?"羊皇后坦然地答:"那怎么能比呢?陛下,开基之圣主,彼,亡国之暗夫。他(指惠帝)连儿子、女人和自己都保不了,贵为帝王,让妻子的命运掌握在凡夫俗子的手上,当初我'实不思生',哪想到有今天呢?我原来以为世界上的男人都一样,只从当你的妻子后,才知'天下有丈夫耳'。"说得刘曜抓耳挠腮高兴极了。史书上均骂羊皇后厚颜无耻,仔细想来,她对惠帝的评价又何尝不是客观公正呢?四废五立,不见贵为帝王的惠帝说一句话,即便平常百姓的丈夫也不应如此。废废立立的经历恐怕伤极了羊皇后的心,说"实不思生"当是真情,"伪帝"虽草莽,不失为丈夫,羊皇后的感慨大约也是真的。不管怎么说,在那个大乱的年代,她竟然善终,还被刘曜谥为"献文皇后",所生的儿子还被立为太子,也属奇特了。按三从四德的说法,羊皇后为卫道士所不容,也有不少文章将她视为无耻的典型。但要说丢丑,丢的是晋惠帝之丑,晋室之丑。皇上都"蒙尘",弱女子有什么办法呢?

贾家有女

晋惠后贾南风应是历史上的奇葩,其丑且荒淫,毒且阴险,无色无德,更无雅才,竟能玩弄惠帝于股掌之间,动晋室之根基,常使人大惑不解。

追根溯源,种下祸根的是贾南风之父贾充。在晋朝开国历史上,贾充是树大根深的大人物。其父本为曹魏豫州刺史,还被封为侯,贾充是其父晚年所得之子。少孤以孝乡里闻名，袭父爵为侯，拜尚书郎，先随司马师，后随司马昭，奇功多多。有名的功事一是平叛诸葛诞，二是怂恿成济弑杀魏帝曹髦。司马昭死前告诉司马炎"知汝者贾公闾也"，可见贾充深得司马昭的信任。武帝继位，倚重贾充，而贾充不负其望，制法律、荐人才，武略能带兵，文韬可献计，在晋立国初期，立下汗马功劳。且他弄权有术，对自己意见大的人，曲意忍之；对背叛自己又去投靠别人的亲随，也不表露恨意，但终归以"不能正身率下，专以谄媚取容"，使"刚直守正"之士厌恶。后来被人"抹了眼药"，需远离京都，去秦凉领兵，弄得这位长袖善舞的老官僚"计无所从"。一个名叫荀勖的大臣给他出主意，将女儿许给太子为妻，他的老婆也有本事，走了皇后的门路，终于将自己又黑又丑的女儿说给了太子。因皇储完婚，老丈人不能不在，天又佑贾氏，"京城大雪，平地三尺，军不得发"，贾充便留了下来。

这一留一嫁，晋的国运便走下坡路了。丑女儿不蠢且狠，又遇到个痴呆的惠帝，权柄悄然移到贾氏之手。更为令人拍案惊奇的是，贾充不仅将贾南风嫁给惠太子，还将另一个女儿嫁给也有希望成为太子的齐王攸。两面押宝，谁当皇帝，他都是国丈。要说贾南风对惠帝巩固太子地位也是出大力的，武帝本也怀疑惠帝不够聪明，召集群臣宴会，事先密封试题，让太子当场作答，有殿试的意味。贾南风作弊有术，提前弄到试题，找人作答，还揣摩行文风格，将答案弄得似乎合乎痴呆太子的水平，糊弄住了武帝。后来武帝又有好几次换太子和废太子的念头，均被贾南风母亲施巧计，贿赂杨皇后姐妹，有惊无险打消了。

没有姿色的贾南风为何成为史上少有的擅权皇后呢？细究起来，一是狠。史书载："妃性酷虐，尝手杀数人。或以戟掷孕妾，子随刃堕地。""太子畏而惑之，嫔御罕有进幸者。"从处斩自己的恩人杨皇后家族和废太子并处死其母谢淑妃这两件事可见一斑。她恨起人来不念其旧情，杀起人来不眨眼，什么眼泪也感化不了她，对仇敌丝毫不予宽恕，做事不留余地，不考虑后路，不顾忌舆论和影响。这样的人握起生杀大权来，是极为可怕的。不管结局如何，报应如何，强权之下，一般人都会被吓怕，任其张狂，这样一个人，竟然为非作歹多年才败亡。

二是诈。贾南风没出过什么治国的好主意，但耍起人来还是颇有一套的。她控制住痴儿皇帝惠帝不说，为太子妃时，骗过武帝，哄住前后两位杨皇后为自己说话，没有几把刷子谈何容易？在笼络人心，安插私党，操控中枢的人事布局上，基本是她说了算。动辄"矫诏"发号施令，连后来挑起"八王之乱"事端的赵王伦初期也是靠谄媚取悦于她得势。诛杨氏，杀卫瓘，废太子，一系列举动借矫诏操盘，打得这些身经百战的元老元勋晕头转向。生不了孩子，伪装怀孕，调包妹妹的孩子养之，差一点成功更移了司马氏的江山。

三是淫。人说美女多风流，贾南风虽是丑女却也好色，偷情的手段怕是后世的则天大帝也望尘莫及。先包养太医令程据，尚不过瘾，后来干脆派人到外面寻求美男，劫持进宫，乐后杀人灭口。要不是有人死里逃生，无意中泄露了机密，世上还不知有多少美男糊里糊涂地被劫色又劫命。

贾家有女，贾女有故事。有故事的不仅是贾南风，她的妹妹贾午故事也不少。本来议为惠太子妃的是贾午，因贾午当时只有12岁，才让姐姐顶替。贾午渐渐长大，大概春心有动，父亲的客人来了，她常在屏风后偷看。她窥见一个叫韩寿的美男子，让婢女去打听，当红娘。韩寿像后来的张生一样晚上翻墙与贾午约会,很长时间都没人知觉。后来贾午将皇帝赐给父亲的一种西域香,偷出送情郎,方才暴露。贾充发觉后,将错就错,将贾午嫁给了韩寿,韩寿也因此飞黄腾达,还差一点由韩寿、贾午的孩子传承了晋国香火。当然,贾皇后倒台,韩寿、贾午也命归黄泉。这一段窃香偷玉的佳话由喜剧开场,悲剧落幕。

有其女必有其母。贾南风和贾午的母亲郭槐也非善类,妒心极强。她先后生过两个男孩,只因贾充在乳母抱孩子时摸了摸孩子,向孩子笑了一笑,便被郭槐怀疑贾充与乳母偷情。其后,她弄死两个乳母,两个儿子均因惊吓早夭,致使贾充绝了嗣。当然,即或这两个儿子长大,不过风光一时,待贾皇后败亡,也是逃不了杀头的命运。

想贾充聪明一世,精明过人,算盘打得贼精,后来却因这样一个女儿家亡族灭,怕是他没料到的。后来给贾充平反,有大臣拟给其谥曰"荒"。细考语有深意,生女荒唐,推女为太子妃也荒唐,他的精明盘算哪里去了呢?南风以名,许是来自《诗经》。《诗经·南风》专收淫风小曲,博学多识的贾公闾为女儿取这个名,许是应了诗意吧。

司马家乱在子旺

民间常说,"多子多福"。无论皇族还是百姓,均求子孙旺盛,后嗣绵延,宗族长续,能给人间送子的观世音菩萨大概是香火最旺的神了。岂不知,有晋一朝,后事证明,多子并非多福,甚而酿成多祸。普通人家,子孙一多,争夺遗产,争袭爵位,争斗打闹,屡见不鲜。对皇族来说,为争皇位,打打杀杀,机关算尽。如何摆平诸皇子之间的关系,往往成为老皇帝的晚年心病。神威一世的秦皇汉武、唐宗宋祖莫不如此。

司马家族从魏手中夺得政权,前几棒传续倒还平安,包括晋尚未立朝时,司马懿传给司马师;司马师早死,司马昭顺利即位;天佑司马师又无子,过继了司马昭之子齐王攸承嗣血统;司马炎接班虽有点小波折,但反正都是司马昭的儿子,便也相安无事。待到正式当了皇帝的司马炎传位给惠帝,虽有一波三折,也仅是司马炎考虑痴儿的智商够不够,不会有刀光剑影。惠帝以后,情况便复杂了些。定太子,换太子,腥风血雨弥漫开来。以后包括东晋十几代传承,争争闹闹,颠颠覆覆,处处杀机,虽惊险但也谈不到刺激,不过是王朝更替,皇位更移的老套路宫廷剧,又加上后来的皇帝大都短命,来不及生那么多儿子,子承父业,兄死弟续,甚至侄辈接班、叔辈传承,都还未见"沙丘事变""烛光剑影""玄武门之变"那种热闹场面。晋室最大的乱戏是"八王之乱"。这个乱范围之广,时间之长,反复之多,杀戮之残,史上极为少见。正是因为这个乱,晋的国本动摇了,从此走下坡路,王朝的朝气一点一点黯然失色,残阳西下,余晖呈放血色,将晋王朝逐出历史舞台。

　　知"八王之乱"者多，但理清这场乱局怕是不易，其原因在于"王"太多，记住这些王的名字都得下一番功夫。王多的原因是司马氏的生育能力太强，且天佑其男孩太多。正史记载，司马懿兄弟等8人封王，儿辈5人封王；司马昭儿辈6人封王，仅司马孚一支，竟有25人封王；武帝儿辈13位封王。史上开国皇帝子孙往往多，寿命又长，如秦始皇、朱元璋、唐太宗等。刘邦、康熙这类强君子孙也多，但好像多子的仅限于皇帝。司马这个家族的生殖能力大都较旺盛，且专会生男孩。往上数，司马懿便有弟兄8人，时称"八达"。司马懿又一连生了9个儿子；司马昭又生了9个儿子；司马炎生得更多，有26个儿子；连司马懿的三弟司马孚也生了9个儿子。除司马懿和司马孚外的"八达"其他兄弟，到底有多少儿子，已难细考，正史记为王的不少。儿子多，除了当皇帝、太子的，都要封王，王便多起来。王又生儿子，除袭王位者外，有点本事的又有可能封王。我不知有没人考据过，晋到底有多少"王"，到了东晋灭亡前，仅兵败被俘的王就有46位。当初枝繁叶茂，拱卫皇权的初衷，反而成为动乱之源，"八王之乱"

便是典型的案例。《晋书》论评,"有晋之分封子弟,实树乱阶",确为至理之言。

晋惠帝这个痴儿皇帝本身智商便低,又遇到个专权狠毒狭隘的贾南风皇后,已够倒霉的了,还得面对爷爷辈、叔父辈、兄弟辈、子侄辈的一大堆王,这局面的确够他应付的。且看"八王之乱"的八个王:汝南王司马亮、赵王司马伦是司马懿的儿子,河间王司马颙是司马懿弟弟司马孚的儿子,这三位是他的叔祖;楚王司马玮、长沙王司马乂、成都王司马颖是武帝司马炎的儿子,这三位是他的弟弟;齐王司马冏是司马昭的儿子,东海王司马越是司马懿弟弟司马馗的孙子,这两位是他的叔叔,尤其是齐王司马冏的父亲司马攸,当初比他父亲司马炎更有资格继承皇位。这八个王爷领头,几十甚至上百的王各各依附,杀来杀去,这一壶,你说够不够痴儿皇帝喝的?

细观这些闹腾的王,还都有些本事,有些个体的综合素质还不差,至少大都超过痴儿皇帝晋惠帝,大都先是由皇帝下诏或矫诏进宫的,初时作为皇帝依仗的力量位踞中枢,渐渐滋长野心,或大权独揽,或干脆将皇帝踢开自己干。照理说,也没什么不正当理由,反正都是司马血统，只是一槽难拴两头驴，何况几只活蹦乱跳抢槽心切的叫驴，上来一个，骄纵起来，另几个不服气，推举一个，去反对台上那个，被推举上来的，又犯老毛病，再来一次厮杀循环。闹腾的是司马家族事，遭殃的是百姓，还有那些各为其主、稀里糊涂不知为谁打仗而死的军士。从一个小例子便可见"八王之乱"的残酷。那位乐不思蜀的俘虏皇帝刘禅入晋，武帝司马炎待他不错，其带去的家族子弟几十人被封郎尉。但"八王之乱"时，大概谁也顾不上他们了，子弟又缺少生存的能力，最后几乎举家被乱兵而杀，仅跑出一位刘禅的侄孙子。人们将万马奔腾形容为气象万千，这万马厮杀便将神州大地搞得昏天黑地了。据说当年司马懿问卦，相士说司马会亡于牛，司马懿便将身边叫牛金的大将杀了，以图司马江山万代永传。不料同槽之马相互残杀，给外来者钻了空子。后来兵陷洛阳，公然称帝的刘汉也是"牛"吧，连惠帝的羊皇后也被纳入龙床。还有一种说法，那位渡江支撑东晋偏安的司马睿是他母亲与一位姓牛的人偷情生的，因此，延续晋祚的已不是"司马"家，而是"牛"家了！而逼东晋最后一个皇帝禅让的，正是刘裕，还真是刘姓结束了司马家族的统治。撇开这些八卦不谈,不管真真假假,根子还在"马马相斗,刘牛钻了空子"。与诸葛亮斗智的司马懿无论怎么老谋深算,恐怕也没想到子孙众多会给后代带来这大麻烦,而且还被颠覆了江山,早知如此,还不如保持单脉相传,免得众马争斗不止。晋举的是"以孝治天下"的大旗,意图以"孝"的理念维系家族的团结。但在皇帝龙椅的召引下,乱哄哄的都是一群逐腥的苍蝇,哪有什么父慈子孝、兄悌弟敬?孝道不过是一张遮羞布而已。

少寿多难看晋帝

观晋一朝,从武帝司马炎开始,共有15位皇帝,寿短多难是其特点。历朝后世皇帝寿命短,不鲜见,但集中短寿,晋尤为明显。别说没有康熙、乾隆那样在位六七十年,活过七八十岁的人,武帝后,仅简文帝一位活到53岁;痴儿皇帝惠帝活到48岁;中兴的元帝活到47岁,便是长寿的了;其余均未超过40岁,愍帝只活到18岁,穆帝只活到19岁。列举如下:

宣帝司马懿　　　　73岁

景帝司马师　　　　48岁

文帝司马昭　　　　55岁

武帝司马炎　　　　55岁

惠帝司马衷　　　　48岁

怀帝司马炽　　　　30岁

愍帝司马邺　　　　18岁

元帝司马睿　　　　47岁

明帝司马绍　　　　27岁

成帝司马衍　　　　22岁

康帝司马岳　　　　23岁

穆帝司马聃　　　　19岁

哀帝司马丕　　　　25岁

海西公司马奕　　　45岁

简文帝司马昱　　　53岁

孝武帝司马曜　　　35岁

安帝司马德宗　　　37岁

恭帝司马德文　　　36岁

考查历代晋帝的寿命,绝非偶然。要说司马家族并不是没有长寿基因,司马懿活到73岁;他的三弟司马孚活到93岁;司马昭、司马炎也活到55岁,在那时,也算长寿。当了晋朝的皇帝为何寿命都这么短?可能是这个位置不好坐,多难煎熬,折磨损寿吧。有几位是被废的,有几位被杀的,在台上者,大都权臣擅权,各王杀来杀去,加上外来入侵,京都失失得得,甚至颠沛流离,吃尽了苦头,受尽了屈辱,成天胆战心惊,想长寿,难矣!

像惠帝,虽在位时间不短,怕是连一天真正皇帝的权柄都没掌过。内有贾皇后的擅权,外有诸王作乱,废立太子,作不了主;皇后立废,当不了家;戴绿帽子,不敢多言;眼睁睁地看着自己心爱的谢淑妃被杀,立为太子的儿子被废、见杀,贾皇后被废、被杀,羊皇后四废五立。他自己也没好日子过,赵王伦甚至干脆将他推到一边,当太上皇。史书载,他几次逃难,斯文扫地,哪有一点皇家气象?

"己未,六军败绩于荡荫,矢及乘舆,百官分散……帝伤颊,中三矢,亡六玺。""帝馁甚,超进水,左右奉秋桃。""颖帅群官迎谒道左。帝下舆涕泣……"

"颖与帝单车走洛阳,御服分散,仓卒上下无赍,侍中黄门被囊中赍私钱三千,诏贷用。所在买饮食以供。""市粗米饭,盛以瓦盂,帝啖两盂。有老父献蒸鸡,帝受之。""将谒陵,帝丧履,纳从者之履,下拜流涕,左右皆歔欷。"

"以所乘车入殿中,帝驰避后园竹中,方逼帝升车,左右中黄门鼓吹十二人步从。""寒甚,帝堕马伤足。"

"弘等奉帝还洛阳,帝乘牛车,行宫藉草,公卿跋涉。"

窝囊如此的惠帝不算短命,许是得益于他的智商。后世所知的"蛙叫为公乎?为私乎?"和"何不食肉糜"的笑话,活脱脱画出痴儿惠帝的嘴脸。无心肝,无羞耻,神经麻木了,没有失败者的痛不欲生,没有入屈辱境的感伤惭悲,更没有振作皇纲的操心费神,因此,他稍微活得长久一些。

接下来的怀帝是仓促间被人推上位的,接手的是惠帝留下的烂摊子,权臣依然擅权,诸王依然作乱,过不了安生日子,还遇到一个自奉汉裔的刘元海联合羌人,汹汹而来,兵围京师,发诏救驾,无人响应,又逢大乱。"人相食，百官流亡者十八九。"召群臣会议准备逃跑，连警卫都没有了，车子也没有，只好步行出宫门，刚出门，"为盗所掠"，只好又返回宫。深宫尊皇这时也许才知道，没有护驾和威仪，连小盗贼也敢欺负他。后来他成了刘聪的俘虏，常被刘聪指派"青衣行酒"，受尽屈辱，不到30岁便被刘聪杀了。

愍帝在战乱中登位，后于京城被困投降。他坐着牛车，光着背，口衔玉玺出降，上演刘禅、孙皓当年一幕。他被刘聪封为"光禄大夫"，刘聪临朝时，让他叩首听命。刘聪出猎时，还让他"行车骑将军"，"戎服执戟为导"，开大会时，让他倒酒洗盘。刘聪更衣时，又命他执镜照灯，竭尽凌辱之能事。这样还饶不了他，年仅18岁时也被杀了。西晋的历史便结束了。

东晋首创的元帝算是当了回像模像样的皇帝，因此史称"中兴之主"，但他也只是偏安一隅，寝思北伐。他之后的明帝、成帝、康帝、穆帝、哀帝，五朝皇帝都短命，没一个活过30岁。外有强敌，割据一方，战火绵绵，许是稚嫩的肩膀挑起沉重的担子伤了元气，何况朝中基本是权臣说了算，特别是后期那个有野心的桓温，几乎是不顶冠的皇帝。在他的淫威下，以后的小皇帝比汉献帝好不到哪里去。有趣的是，那位被桓温废了的海西公，反而活到45岁，全是后来没当皇帝少操心的缘故，中间有人饰伪诏请他入宫，他都不去。

活得较长的是简文帝。其原因是当皇帝晚，登基时年龄已不小了，没当几年皇帝。

不管怎么说，东晋的前几位皇帝都是在任上病逝，还算善终，后面两位可就惨了。安帝时，桓玄篡政，丢了帝位，被封为平固王，被桓玄挟着东奔西走，后来又被刘裕左右，吃尽苦头，还是逃脱不了被缢死的命运。

晋朝的最后一位皇帝恭帝更惨。桓玄篡位，他哥哥的皇位丢了，他的王位也随之丢了，被封为石阳县公，比老百姓的地位也高不到哪里去，但也不能安生。桓玄被诛，桓玄的儿子桓振跃马奋戈，上门问罪，质问为何屠灭桓氏家族，恭帝连忙下床辩白，说是他哥哥的意思，与他无关，才算保住性命。后随刘裕出征，连路过皇陵去拜谒一下都要请示。他大概是个比较乖巧的人，刘裕命他让位，他装出一副不怀恨、顺其自然的样子。禅让后，提心吊胆地怕刘裕暗害他，吃的用的东西，都由皇后亲手安排才放心。刘裕让皇后的弟弟先将皇后遣走,再派人翻墙进去杀了他,晋便画上了一个句号。

想当年,司马懿及子孙叱咤曹魏中枢多年,何等威风。逼君、换君、弑君、禅让的把戏都玩过,后代的子孙又被照本宣科来了个轮回,是天意报应,还是历史规律本该如此?晋祚二百多年,是三国大戏司马懿的完胜。这种胜利是以后世多代的飘零、焦瘁、短命甚而屈辱为代价的,老谋深算的司马懿如泉下有知,不知会作何想。对比诸葛亮,没有做如是举,后世乏陈眩目的辉煌,也摆脱了多难的夭折,没留下屈辱的笑谈。孰优?孰劣?只请冷峻的历史作答吧。

劝君莫为虎伥狼狈

中国有两个成语——狼狈为奸和为虎作伥,专门形容坏人也有帮手。纵观历史,凡是引起天下大乱者,都有随从推波助澜的人,有的岂止是随从,还是摇羽毛扇挑起事端者、一马当先冲锋陷阵者。"八王之乱"是史上少有的一次大乱,为帅的是八王,哪个帅身边不是围绕着一群助纣为虐虎之伥、狼之狈呢?孙秀、张方两人可说是较为凸显的。

孙秀和张方一为文臣，一为武将，分别效力于赵王伦和河间王颙。赵王伦的坏主意基本是孙秀出的；河间王颙的大仗基本是张方打的。两人在乱中起的作用，说帮手都埋没了，简直可称得上是只手遮天、决定乾坤的人物。赵王伦是个没什么脑子的人，对孙秀言听计从，朝廷中甚至听孙秀不听赵王伦的。谄媚贾氏取宠、诛杀汝南王亮、假手废太子引乱、反手废贾后篡权乃至逼惠帝退位等一场场戏都是由孙秀策划和导演的。特别是在废太子这件事上，可看出他的老谋深算，用心歹毒。太子的门客眼见太子地位岌岌可危，想借赵王伦之手对付贾后，这本来正合赵王伦的心思，孙秀却劝他，现在时机不成熟，太子是个明白人，如扶太子上位，会容不了他，社会上也会说其出尔反尔，看风使舵，不如将太子门客的阴谋散播出去，使贾后得知，贾后必因此而废杀太子，再以此为名诛讨贾后，既迎合人心，又没了对手。事件完全按他拨打的算盘珠演进，便挑起了"八王之乱"。

张方也十分了得。他领河间王颙之命，以讨伐平乱为名，兵发洛阳。初战大败，兵退十三里桥，在众将士神色沮丧之时，他却号令重整旗鼓，夜袭京师。当胜利者正陶醉庆祝之时，哪料到败军会卷土重来，潜行夜袭呢？乃至攻陷京师，打了个出其不意的大胜仗。后来更是左冲右突，挟惠帝于身边，专横于朝堂，连上司河间王颙的号令都要打折扣执行。

这是两个助狼强狈，为虎作伥的人。无独有偶，他俩出身都较低微。孙秀本是县郡小吏，张方更为"世贫贱"。许是出身低层，想要攀附权贵往上爬，野心很大，要干一番大事。且一步步的上攀使他们熟悉社会风情，练就了文武全艺，当起狈和伥来，不顾一切地往前奔，做起事来做尽做绝，不留余地，其用心之狠，手段之辣往往比狼和虎还要可怕。孙矫诏发令废中宫，传命三司马出兵，"不从，诛三族"；事成，不分青红皂白，老臣旧勋，或与己有嫌隙者，一律斩杀。连那位温文尔雅、德高望重，写《博物志》的张华也不放过。张方在擒拿住长沙王司马乂后，一反常规地让其去王位，杀之，并且"炙杀"——大概将人像烤羊肉串一样放在火上活活烤死吧。专权后，将皇后废废立立，全凭自己的一时兴起。那位可怜的惠帝，一会儿被人将羊皇后从热被窝里揪出废掉，一会儿又将凉冰冰的身子往被窝里塞,不知心中是何滋味。这应了那句话:穷措大发横财,随性胡来。

孙秀、张方这样的人,一旦得势,小家子气的本性也暴露无遗。史载孙秀"既执机衡,遂恣其奸谋,多杀忠良,以逞私欲"。有人说谁对他有意见,不调查便杀。连石崇、潘岳这些平时对他有点小意见的名士,也照样砍头不眨眼,弄得"京邑君子不乐其生矣"。孙秀出巡,与太子的车骑相遇,逼太子让路,任气使性,张狂至极,路人皆怨。

孙秀的儿子孙会"形象短陋",风度连奴仆都不如。当年跟在富家子弟后面去西域贩马谋生,孙秀强行使河东公主为儿媳,在公主母亲丧事期间,强纳聘礼。当初与孙会共同贩马的伙伴听说他为驸马时,"莫不骇愕"。这对注重门阀的晋时风气倒也是极大的讽刺。张方率军入宫,放手让兵士肆虐,众兵士"争割流苏武帐而为马帴"。劫持惠帝去长安,驱车入宫殿中,吓得惠帝往竹园中躲藏,纵军士将宫中抢劫一空,"军人因妻略后宫,分争府藏。""魏晋以来之积,扫地无遗矣"。这哪是个干大事的人?与盗贼入宫没什么区别。

孙秀、张方逞狂于一时，但结局都很惨。孙秀是赵王伦败亡随之族灭；张方是河间王颙见疑被杀。张方还是被部下手刃的，说起来颇具讽刺意味。张方当初微贱时，长安富人郅辅经常资助他，他发迹后不忘旧恩，将郅辅收到身边，为己作狈。司马颙连哄带吓地收买了郅辅，派郅辅带刀亲近，手刃张方。为人作狈，死于己之狈手，可见狼狈这一对兄弟联合为奸可以，并非患难同当的生死弟兄。狼需狈是为异奸，狈甘心侍狼是为作奸。奸者面对的是自取灭亡的一张天网，难逃其命数。赵王伦灭亡前嘶喊："孙秀误我。"一股脑将罪过推到狈身上。狼赢了呢？狈怕也逃不脱"走狗烹"的命运。世上君子，当以为戒：虎狼虽威，不宜为伍；虎狼性毒，尽毒无亲；助虎狼而作恶，天理难容，人伦尽丧，天人共谴。莫为狼之狈，莫作虎之伥。

王祥这块金字招牌

晋以孝治天下,帝号前均以惯例加一"孝"字,如"孝文帝""孝武帝"等。治家崇孝,治民宣忠;惜标牌归标牌,子孙之孝悌,官民之忠君,一点也不比前朝后朝做得好。相反,皇家内部厮打,官吏权臣专权,庶民揭竿而起,连绵不断,贯穿风雨飘摇的晋朝始终。"八王之乱",桓温谋篡权,刘聪、刘曜夺位,刘元海、孙恩起义，在史上都是轰轰烈烈的大事件。要说身体力行"忠孝"二字，王祥倒是块熠熠闪光的金字招牌。

启蒙读四书五经的，都知道王祥这个人。他以卧冰捉鱼孝母与老莱娱亲、曹娥哭父被誉为至孝的楷模。从小听这个故事，以为他是神话中的人物，故事是瞎编的，长大乃至今日，仍对这个故事存疑：母亲要吃鱼，可以凿冰，也可以用火烤，化冰去捉，至于用身体卧冰吗？再说，人的体温不过三十七八度，暖化零下的冰谈何容易？读《晋书》，正史竟白纸黑字记载分明："母常欲生鱼，时天寒冰冻，祥解衣将剖冰求之。冰忽自解，双鲤跃出，持之而归。"方知王祥解衣"剖冰"，而不是"卧冰"，这说得倒有几分真实。

王祥的孝举，还不止于此。母亲想吃烤黄雀，王祥的孝心感动上天，便有黄雀数十飞往帷帐中，王祥捕捉供母。有丹柰果实，母亲命他看守，遇有风雨，王祥抱树而泣，生怕果子落下来。王祥的这位母亲还不是他亲母亲，是继母，对王祥并不慈，王祥仍这样孝谨对待。母终，居丧毁瘁，杖而后起，确不一般，有些类似《史记》记载的舜的品格了。

在汉末这个动乱年代里，王祥先是不官不仕，扶母携弟隐居三十余年，已"年垂耳顺"，快到六十岁了，方才被逼应召当个地方官。当了曹魏的官，他忠贞曹魏没有二心。那位高贵乡公被司马昭手下杀了，他号哭，涕泪交流。当晋武帝还是晋王的时候，他与人一块儿去谒见晋王。同去的人说："晋王目前权势大，见面应当拜。"他却说："晋王权势再大，也是魏的丞相，我们是朝廷的三公，区别不过一个台阶，不能拜！如果拜了，是'损魏朝之望，亏晋王之德'。"旁边的人都拜，他却"独长揖"。司马昭也好，晋武帝也罢，都没因他的举动惩罚他，反而赞其忠贞，这大概是因为他年纪老，名气大吧，相信他不会有什么危害我朝的举动，更是新朝需要标榜"忠孝"的一块金字招牌。于是他的官越做越大，几次恳辞都不批准，"赐几杖，不朝"，赐金帛、府第、恩荣有加。

这老头命好，一直活到85岁，只有那位自奉"魏贞士"的司马懿弟弟司马孚享年93岁超过他，相比较晋室皇帝的普遍短寿，卫道者又该说天理报应了。不过从其遗书看，这位已位居三公的贞士确实高风亮节，货真价实，遗书值得一抄。

> 夫生之有死，自然之理。吾年八十有五，启手何恨。……气绝但洗手足，不须沐浴，勿缠尸，皆浣故衣，随时所服。所赐山玄玉佩、卫氏玉玦、绶笥皆勿以敛。西芒上土自坚贞，勿用甓石，勿起坟陇。穿深二丈，椁取容棺。勿作前堂、布几筵、置书箱镜奁之具，棺前但可施床榻而已。糗脯各一盘，玄酒一杯，为朝夕奠。家人大小不须送丧……

从遗书看，他信奉的既不是佛家的万事皆空，也不是当今唯物主义的死则即灭。他似乎相信死后有另一个世界，在那个世界里，要睡觉，要吃饭，还要梳头发，听音乐等，但他还要过朴素节俭的生活。比起那些死时陵寝奢靡，殉葬品多多，幻想去另一个世界继续享乐的皇帝和王公贵族来，确乎高尚得多。《晋书》将他的传记列在皇帝纪之后，为诸臣开首，看中的或许就是这块金字招牌的感召力。可是，别说他昭显的那些品格情操，又有谁能学学他这份遗书的后事安排呢？孔子曰："己所不欲，勿施于人。"挂招牌要求世人容易，自己做起来却很难呀！

能臣误国在难言

荀勖这个人,在晋开国的历史中是个大角色。他识钟会,荐卫瓘,制律令,辅中枢,充分显示了他的治国才能,说他为能臣,当之无愧。史载那段关于"省官""省吏""省事""省心"的言论,至今读来,尚有现实意义。

庭议将州郡县的官吏减去一半,以示重农。荀勖说了这样一番话:"省吏不如省官,省官不如省事,省事不如清心。"举例萧曹为相,"载其清静",为清心之本;汉文垂拱而治,"几致刑措",为省事;光武帝并合吏员,裁减县官,为省官;魏太和年间,并合郡县,为省吏。几个朝代的举措孰优孰劣一目了然。当下之务,宜以省事为先。"简文案略细苟命之,所施必使人易视。""勿使微文烦忧,为百吏所黩。二三之命,为百姓所餍。""设官分职,委事责成。君子心竞而不力争,量能受任,思不出位,则官无异业,政典不奸矣。"这是省事的根本。事省了,"虽不省吏,天下必谓之省矣"。像九寺可合并尚书,兰台宜付三府,这些省官之法,虽然看似必须,但"施行历代,世之所习。是以久抱愚怀,而不敢言"。"如其不尔,恐适惑人听比前行所省,皆须臾辄复,或激或滋繁,亦不可不重。"

荀勖的聪明,不仅表现在治国理政上,他还精通韵律,修律吕,并行于世。史载两个小故事。一是,荀勖曾在路上遇到赵国商人拉车,牛脖子上戴的牛铎声音很好听,后来制律吕时,音韵总是不协调,便说:"要是有赵人的牛铎就行了。"派人买来相配,音调果然和谐了。看来他调谐音律的本事，比周郎也不逊色。二是，他常常陪皇帝用膳。看到饭菜时说，这是"劳薪所炊"。大家都不信，皇帝派人问厨子，果然答是用坏旧的车脚当薪材的。博识如此，精明如此！

可就是这么一位能臣，名声并不好，原因是与贾充之流同流合污，在立惠帝为太子、贾南风为太子妃上始作其俑。武帝本来对惠帝接班不放心，让他与另一位大臣去考察一下。另一位大臣讲实话，说太子没进步，他却说太子有进步，使武帝打消了废太子的念头。朝中人对贾充不满，武帝也产生了怀疑，准备外放贾充。老谋深算的贾充都束手无策了，荀勖给他出个主意，让他将女儿嫁给太子，这又消除了贾充面临的一场政治危机。他再三在武帝耳边说贾氏女如何贤惠，硬是凭借武帝的信任，将祸国的贾皇后推上位。祸晋国者，荀勖也。

集能臣与奸臣为一身，治才与误国相为一体，许是使人迷惑。细想也不奇怪，荀勖太聪明了，聪明得让自己不吃一点亏。他大概揣摩过韩非子的学说。韩有说难论，臣下向君主谏言难，稍不合心思，易失宠甚至杀头。看到贾充势大，极力攀附；看到武帝对贾家信任，使出联姻的主意；知贾南风和她的母亲有手段，且毒辣，就全力维护巩固她们的地位。至于晋室的未来，又于己何干呢？他是从曹魏政权走过来的，风风雨雨见多了。当初曹爽被诛，他年轻气盛，斗胆去吊唁哭了一场，没被司马氏斩杀已是万幸。父亲当年被诛，也许想来还提心吊胆吧。保命为要，保位为要，贼精的心思也要用在自己的身上，犯不着去当那种忠贞直谏、身杀族灭的谏臣、直臣。身家平安第一，晋室结局如何，与我何干？这倒不仅是妄猜，《晋书·荀勖传》载："勖久管机密，有才思，探得人主微旨，不犯颜迕争，故得始终全其宠禄。"

历史上，荀勖之类的大臣还是不少的。人们在戏剧舞台和小说中，总是将奸臣与昏庸无能联系在一起，岂不知，能臣也会弄奸，且奸起来比昏官更可怕。因他更聪明，更能干，更知道如何取悦皇上，说什么话能得到皇上信任，轻巧地达到自己的目的。他还能棋观几步，知道如何保自己一生甚至后世绵延享受高官厚禄。天下不安己安，乱云飞渡我仍从容。这，大概也是封建王朝的另一道风景线吧。

朝中大隐见山涛

山涛是竹林七贤中居官显贵者。少时读《与山巨源绝交书》时,以为山涛是假隐贤,不过是以老庄之学点缀文饰的达官显宦。后读《晋书·山涛传》,知这个看法错了。山涛虽位居三公,骨子里还是渗透了竹林隐士的风韵,不过身世将他推向朝堂,大隐隐于朝罢了。与山涛同朝的刘实曾著《崇让论》,针对"在朝之人不务相让久矣"的时弊,主张"贵让","息急竞",渴望形成"贤人相让于朝,大才之人恒在大官,小人不争于野,天下无事矣"的世风局面。但这毕竟是理想化的主张,世人皆争,相让更难,小至车行让道,市货论价,小户析产,大到朝堂争宠,示功争官,莫不你争我夺,明争暗斗,打得头破血流,哪有一个"让"字?连奉天承运的皇家都为争皇位骨肉相残,血飞横流,能让者又有几人?那个竹林七贤中阮咸的儿子阮瞻倒有让之心之举。天热群行时,口渴,看到一口井,众人争而喝水,唯有阮瞻在后面不争不抢,待等大家喝完了,他才去喝。看来谦让在竹林七贤中倒反映出来,山涛也可算一个。

看山涛的身世经历,他倒是真正践行一个"让"字,而且还是能者让,贤者让,多次让。史载其"少有器量,介然不群。性好《庄》《老》"。早年其隐居有年,只因与宣穆皇后沾点中表亲,去见司马师,走上仕途。后因办事能力强,一路高升。司马昭在领兵震慑钟会之乱时,担心魏室诸王会作乱,竟将守家的任务交给山涛,可见他的才能非同一般,获得司马昭的信任和器重也非同一般。在助武帝为太子时,他又深出其力,更获得晋武帝的倚重,

"入为侍中，迁尚书"。但山涛这时却一心求退，"表疏数十上"，方才如愿。

没多久，他又因诏命逼返，在耳顺之年，入朝当吏部尚书。干了一段，干得还不错，又"固辞以老疾"，上表陈情，章表数十上。为达辞职的目的，干脆消极"不摄政"。皇帝不答应，还说，年老多病，出出大主意，在大事上把把关，何必辞职呢？山涛又上表恳辞，武帝干脆下手诏，明示不许辞职，如果身体真正挺不住了，送到寺院修养，仍在其位。山涛只好继续干下去。

这一干便干了十多年。他兢兢业业，政声不错，又上表求辞职，并想以"年垂八十，救命旦夕"的悲情主义打动武帝。但"涛苦表求退，诏又不许"，连武帝身边的大臣都看不过，为他说好话，武帝也不答应。再过一阵，山涛又去上表请辞，武帝仍是不许，亲手下诏命山涛打消念头，诏书竟有"君不降志，朕不安席"这样的字眼，弄得山涛毫无办法，继续老骥伏枥，拉这千里之套。

后来，武帝又将山涛官升至司徒。山涛"固辞"，武帝又发诏，命他"终始朝政"。山涛再上表，武帝再发诏。这时，山涛身体真的不行了，"使者乃卧加章绶"。

山涛升官，不仅没有一点喜色，反而忧心更重，自责不能当位之心更甚，自言"垂没之人，岂可污官府乎？"催马车急忙往家赶。他79岁病逝，死在三公之位上。

在人人为得官位不遗余力，升官喜、丢官愁的大风气下，山涛这样反反复复，数次辞官的例子怕是稀见。史上有辞官者，或不得意，或因官小，或被逼迫，或不胜烦扰，山涛都不属这类情况。看破红尘辞官的也有，辞一次，或而再，已鲜见了。史上著名的陶潜不为五斗米折腰，辞去彭泽县令已为千古传颂。山涛却是数次辞，多年辞，辞官的恳情上疏几乎伴随他大半生，极为罕见。这到底是为什么？我们也许可以抨击其"虚伪"，既然不想当官，何必开始便去当官呢？从史书看，山涛早年还是想当官的。他为布衣家室时，对妻子韩氏说："你忍耐一下吧，我将来是要进三公之位的，就不知你能不能等到那一天！"这可以看作对妻子的安慰，也可能是儒生望达的壮志。一旦为官，骨子里的老庄隐逸念头时不时地骚扰他，文士的隐逸情怀许是与官场的是是非非格格不入，常使他内心痛苦，只好多次以辞让表达。或许当初嵇康拒绝他劝仕的那封名札《与山巨源绝交书》，时时如一架磐石压在胸臆。嵇康弹奏《广陵散》，高歌就义的场景历历在目。虽然官一直当到死，他习性里还是"隐"，不过是大隐隐于朝罢了。

山涛是个守得住本性的人。他饮酒八斗才醉。武帝有次考验他，取八斗酒让他饮，并偷偷地加了些酒，山涛饮到八斗便止。他能守住性，守住本，居庙堂之高而不改其性，为官几十年都很清廉。他死后旧屋十几间，子孙不够用，武帝特地为他们安排住房。他位居高位，不纳妾，"禄赐俸秩，散之亲故"。有个郡令，常给朝中大官行贿，送给山涛百斤丝。山涛考虑退回去，担心受礼的同僚难堪，便让人放在阁楼上不用。后来这个郡令因贪赃犯了事，追赃追到山涛时，山涛从阁楼取出丝交出去，"积年尘埃，印封如初"。山涛的为官行事可见一斑。

嵇康被杀时，对儿子说："有山巨源在，汝不孤也。"这位当初拒绝山涛推荐入仕的清纯高士，许是心知山涛，心系山涛，知山涛之品行，心底尊山涛之为人，方才托孤与其。人生所演绎的戏剧不同，只是两人所处的位置不同罢了。

王济之侈与王戎之吝

晋朝奇事多,王恺与石崇斗富的故事已为人们熟知了。王济侈富和王戎贪吝的事也较有趣。

王济是尚书王浑的儿子,自己也官居侍中,"性豪侈,丽服玉器"。与石崇斗富的国舅王恺,有只名"八百里驳"的牛,深获其爱,连牛蹄和牛角都包裹晶莹透亮的玉饰。他常常请人以钱千万射牛以赌,王济先掷钱,一掷便中，吆五喝六地叱左右去割牛心，片刻间，热腾腾的牛心便割来了，这场面，堪比王恺与石崇斗富时砸碎珊瑚树。当时洛阳地价比较贵，王济却买地为"马埒"，将编好的串钱填满这道沟，时人称为"金沟"。当时还有个叫和峤的大官，"性无俭"，家里的李树结有好李子，连皇帝索要，不过给其十几个。王济趁和峤上朝时，带领一批泼皮少年，到李子园大啃一顿，然后连树也砍了带走。皇帝常常到王济家吃饭，王济当然好生招待，玻璃盘中装的"蒸豚"极为鲜美，皇帝问怎么烹调的，王济回答，用人乳蒸的，弄得皇帝都不舒服，没吃完便拂袖而去。

那个王戎官更大了，位居三公。据说其少时便有异相：眼睛直视太阳而不怕，被人赞"戎眼灿灿，如岩下电"。这个眼睛，大约与钱眼比较对光，很贪利，"广收八方园田水碓，周遍天下"。他积聚的钱财不知有多少，每天晚上用"牙筹"精算，天亮也不晓得。他出嫁后的女儿向他借一笔钱，时间长了没归还，回娘家时，王戎不给她好脸色，直到钱还了，才给笑脸；从子要结婚了，送去一件单衣，完婚后马上命人追讨回来；家里园林有好李树，结的李子卖到市场上，怕别人得到种子，先将李核抽去才卖。

　　侈靡与吝啬，是事物的两极。两极都有个共同联结点，便是一个"钱"字。遥想晋时，世风靡下，门阀制度代代相传的统治集团，已没有了三国初期那种匡扶天下的信仰，追逐官位、金钱、女人，社会普遍弥漫一种堕落的风气，方才会有王恺、石崇那种令人乍舌的斗富场面。但连皇帝也支持这种事，还借珊瑚给国舅王恺与石崇比富。王济的炫富和王戎的贪吝可见当时官僚集团的精神风尚。封建士大夫集团一旦失去了精神上的追求，空虚无聊，只能用这些常人难以想象的做法去填补自己的精神世界，乃至于服药、醉酒、谈玄等社会怪象出现。达官显宦的这些表现，说明晋已经从根儿上烂了，不知危之将至，磕磕绊绊传了四代，西晋便亡了。偏安一隅的东晋外有强敌，时刻有亡国的危险，北伐是精神旗帜的召唤，故有祖逖的"闻鸡起舞"、刘琨的"枕戈待旦"。这类慷慨壮气的故事，延续了东晋几代的政权，但传承的西晋颓丧风气，积习难改，到头来还是在悲歌声中消亡。可见，一个朝代的兴衰，精神支柱是何等重要！似乎物质是实的，精神是虚的。一座大厦，垒起的是物质，倘若久无人住，即无人"气"之支撑,很快便会破败凋零。这支撑大厦的人"气",恐怕便是虚之精神吧。统治集团有精神支柱,民才有旗帜信仰,国才有本之固。

养生、养性和养命
——也谈竹林七贤

"竹林七贤"是晋的一道风景。这道风景给颓丧的晋史刷上了一丝亮色,名士、神交、风度、诞言、诗文为后世所神化,反传统、反礼教的怪诞举动从精神层面给人带来新奇感受,也给后人奉上带谜的探讨荒原。论竹林七贤的文章已经很多,鲁迅的《魏晋风度及文章与药及酒之关系》大概可称巅峰之作,他从好药嗜酒的微旨探义,给人印象极深。其实竹林七贤是个精神神交的团体，并不是一个同盟聚会的集团。常说竹林喻隐，这里好几位都是仕，且有的官当得还很大，如山涛、王戎。常说贤士放诞，几位官大的倒是战战兢兢，朝堂上循规蹈矩、长袖善舞，真正称上放诞的不过阮籍、嵇康、刘伶而已。除了嵇康见杀，其余几位都是寿终正寝，并无精神斗士的悲剧结局。"魏晋之际，天下多故，名士少有全者。"作为名士的代表"竹林七贤"，七分之六竟然都是全者，倒值得提一提。

有趣的是，命运多舛的嵇康著有《养生论》。从养性谈起，尚"气静神虚"，"越名教而任自然"，倡"达能兼善而不渝，穷则自得而无闷"。他和向秀，在门前大柳树下锻铁，许是"野蛮其筋骨"养生论的体力之行吧。至于服药嗜酒，乐此不疲，更可看成忘却凡尘的烦恼，崇仰一种醉而成仙、神游成仙的飘飘然之举。率然任性，是神仙的境界，神仙是无拘无束的，故世间称快乐自由的人为"活神仙"，阮、嵇等人大约是想当活神仙的，从精神上到肉体上都有这种渴求。阮籍的青白眼示人是不与俗交；嵇康于深山采药流连忘返是亲身找神仙的体验；刘伶载酒车大醉,还让人身后背锄头随地埋他,更是天马行空、无物无我、忘却生死的一种彻底自由的放达。这些以自由为目标的怪诞举动大约正是应合了知识分子心藏的渴求自由的天性,故在竹林贤者身上点化光环,以浇心中块垒。

但魏晋的环境是不容任性而为去养生养性的,因为还得考虑如何养命。嵇康便是不知道这一点,所以被杀了头。其余几位并不傻,王戎本来在齐王司马冏面前说了句真话,遭朝臣谴责"议者可斩",装着"药发堕厕",方才免祸。从此,"与时舒卷,无謇谔之节","未尝进寒素","与时浮沉"。后来干脆在朝堂上人云亦云,不求有功,但求无过,保身保命而已。这样,"虽无殊能",官却越做越大,不管哪个王上,哪个王下,他却始终不倒,活到72岁,富贵长寿。山涛更为圆滑,并不因皇帝的信任恃宠而骄,隔一段时间便写辞职书,升了官便上拒绝疏,在真心退隐中,皇帝反而一再挽留,一再重用。不管有意还是无意,山涛的经历结局让人看到了一个官场的柔段高手。那个与嵇康配合锻铁的向秀,在嵇康被杀后,似乎学聪明了,连忙去洛阳见司马昭。司马昭讥讽地说:"你不是向往做巢父、许由那样的大隐士吗?到这里干什么?"向秀乖巧地回答:"居巢、许由不了解尧帝的心,不值得仰慕。"这哪是隐者高士之言,简直是谄媚之言了。因此,向秀保住命,得善终。

嵇康死于钟会的谗言。我估计最主要的是司马昭早就讨厌嵇康的举动,钟会不过是揣摩透了司马昭的心思,从他讥笑向秀的言论可以看出这一点。巧合的是,钟会在伐蜀前,与王戎也话过别,并向王戎讨教。王戎告诫:"道家有言'为而不恃',非成功难,保之难也。"果然,伐蜀成功的钟会也送了命,仿佛落了陷害嵇康的报应。

崇尚养生养性的嵇康本来是想无为的,无为偏有为,名气太大了,与曹魏集团的瓜藤枝蔓太多了,本就命在旦夕,再加上少了些其他几位养命的心思,想活,难矣!看来,像钟会这样的人,有奇世之才,却有小人的狭隘,来拜访嵇康,嵇康照样打他的铁,不理睬他,弄得钟会很没趣,只好讪讪走了。嵇康还要问上一句,"何所闻而来?何所见而去?"钟会也不客气答:"有所闻而来,有所见而去。"知养生养性的大名而来拜见,又知不识养命的个性有所盘算而去,钟会的潜台词或许如此。对嵇康来说,小人不恤,祸引自来,这与王戎对待钟会的态度便成鲜明对比。王戎知养命，嵇康不知养命。

养性，养生，更多取决于主观的观照，这对渴求心灵自由的名士并不算难。养命更多还取决于客观的环境，欲使自己的身心行为适应外界的环境，适应便得顺从，便有所牺牲，估计最大的牺牲莫过于管住心性的自由，这对想当名士的人便太难了。鱼和熊掌不能兼得，这便显出竹林七贤的层次来。作为士人心中放达自由的向往，在养命上悲剧的嵇康应当是令人尊敬的，即或是司马昭强权天下，杀嵇康时，还有"太学生三千人请以为师"。嵇康从容而死前，一曲世间稀音《广陵散》，千古绝唱，感天地而泣鬼神。嵇康身上，大概才真正反映出后世知识分子赋予竹林七贤的精神风范。当然，他是以不会养命为代价，可望者众，可及者寡。

刘琨和祖逖的豪气和饮恨

刘琨和祖逖是东晋北伐的名将。两人以冲天豪气和赫赫战功在暗淡的晋史中闪耀着光辉。人们所熟知的"枕戈待旦""闻鸡起舞"均是这两位英雄的生活写照。但两人矢志追求的北伐统一大业不仅未成功,热血捍卫的东晋政权也在胡狄的进犯、军阀的作乱中土崩瓦解,留下泣血饮恨。

西晋灭亡，隔江而立的元帝建立东晋，因有一班励精图治的文臣武将，维持住偏安一隅的稳定已属不易，北伐、统一几乎是不可能实现的梦语。借这面旗帜凝聚人心，唤起斗志，召引不满北地亡国之恨、对晋室尚存正统信念的官宦民众是必要的，但真的要实现这种梦想，估计那位有雄才大略之心的中兴之主司马睿恐怕内心也不会相信。不知刘琨、祖逖相信否？他们或许相信，有岳飞、辛弃疾那般的情怀；或许并不相信，类似诸葛亮的那种知其不可而为之。许是初期有前者的抱负，后期多后者的理念。但无论信者与否，并不影响他们的行为。知其不可而为之，且"为"得彻底，献身奋斗不存一丝杂念，这是难能可贵的。

刘琨死于同盟兄弟段匹䃅之手，并且是明知有险还送上门去的。为了在失败中重整旗鼓，抱一侥幸落入虎口。特别是拘禁期间，看朝廷使来，知己必死，不遗憾自己壮年的生命，而是遗憾壮志未酬，这是何等的慷慨激昂！段匹䃅杀刘琨，又是奉朝廷丞相密使之命，给自己私心包装上奉命的外衣，演绎了数年后的那出风波亭活剧。祖逖死于前线，为病逝。死前军情紧急，将家属转移至险地以壮其志。看将星殒落,知死期已近,有点类似诸葛亮的五丈原鞠躬尽瘁。想起当初一幕,举家并数百家族亲属渡江南进,投靠东晋,又壮怀激烈,上书元帝志在北伐,此时元帝"方拓定江南,未遑北伐"。但晋元帝毕竟不是宋高宗,他不愿浇灭志士的理想激情,给他一个奋威将军、豫州刺史的名号,发给千人的粮草和三千匹布,但不给一兵一卒,任由祖逖招募。有吞天之志的祖逖不在乎这些,率众部曲贸然渡江,中流击楫发誓:"不能清中原复济者,有如大江!"何等慷慨激昂!以两千人起家,深入虎穴,在北地树起一面反抗的大旗,壮志未酬身先死。

北伐的事业失败了,但祖逖、刘琨的精神永存。英雄的悲剧令人扼腕叹息,但悲剧的英雄留给后人更多精神层面的财富,其知其不可而为之的胸怀更使人景仰。知其可为是对事业必胜的信心,而为的队伍也会裹挟众多世俗趋利者、投机转蓬者,但知其不可而为之将淘尽这些泥沙,剩余的都是闪光发亮的金子。要做到这点不容易,需要有理想信念的支撑,不屈不挠的勇气与耐力,更要有明知前面是坑也要跳的牺牲准备,世俗者是难以做到这一点的。西晋从曹魏手中篡夺权政,也接下了曹魏集团的大半个班底，随司马氏夺权的队伍有忠于司马集团的人马，更多的是换旗易帜更换门庭"知其可"的利禄之徒。司马集团胜虽胜了，貌似众心归附，但并不是万众一心，这个集团建立新朝从根子上并不是那么巩固的。因此，有杀戮，有高压，残酷的朝野纷争与诸王的争权夺利相结合，很快便葬送了西晋政权。纸迷金醉者有，玩世不恭者有，野心勃勃者更多，都是在知其可、望其可的理念指导下如飞蛾扑向皇权这堆大火。火灭了，飞蛾也殒失了，留下的只是历史的笑谈。

历史的毁誉是一面无情的筛子，筛去的是泥沙，留下的是金子。当歌舞升平时，黄钟与瓦釜不分，乱云飞渡时，方显黄钟大吕之响彻，晋代的历史刻下祖逖、刘琨闪光的名字，更彰显他们身上体现的那种知其不可而敢为、勇为，明知粉身碎骨而去为的精神。东晋时，北地的抗击义士大都体现了这一点，如邵续、李矩、魏浚、郭默都书写了绝地奋击的悲壮篇章。那个杀刘琨的段匹磾，直到成了俘虏，仍是穿晋服，持晋节，甚至还想着卷土重来，死亦为壮烈，这在西晋历史中是罕见的。那些少年封王，成年野心勃勃的乱晋诸王与其比起来要汗颜吧。诸王类的哲学怕是知其可也不为,像吃干果剥其壳而食其实一样,弃其"为",而食其"可"。这是晋王朝的大悲剧,历朝历代,均大有其人!

杯中弄影非真影

诗仙、酒仙李白有醉书名篇《月下独酌》:"花间一壶酒,独酌无相亲。举杯邀明月,对影成三人。"月影、杯影、人影,醉客所看,朦胧而似真,这是文人的浪漫。浪漫代表不了真实,倘君主、权臣以这种浪漫情怀治国,血淋淋的现实会将这种浪漫碾得粉碎。东晋末年,那个好醉的尚书令司马道子和同样贪杯的孝武帝便演出了这样的悲剧。

晋史上有两个文武帝：文帝为司马昭，武帝为开国之君司马炎；东晋后期有简文帝和孝武帝。前两位文武开创了晋的基业，后两位文武则断送了晋的江山。有时想来，晋皇室的文学想象力也太贫乏了，连帝号也想不出一个不重复的名称吗？简文帝还算及格，那个后孝武帝便一塌糊涂了。帝王家之败往往归结天意。孝武帝司马曜字昌明，据说有预言："晋祚尽昌明。"他出生前，生他的李夫人梦神人说："生男孩，可以'昌明'为字。"后来简文帝后悔给儿子起这个字，但只有流涕而没法改了，后来果然经"昌明"之手断了晋祚。

将失败的罪责归诸天意，是失败者常有的搪塞之词。史载这位孝武帝："威权己出，雅有人主之量。既而溺于酒色，殆为长夜之饮。"看到星相对己不利，竟然举杯对长星，耍小孩子脾气说："长星，劝我一杯酒吧，自古以来哪有万岁天子啊！（凶星出来我也不怕）"因喝醉酒说醉话与宠幸的张贵人开玩笑，称要废去她，他却当晚便死了，死因不明，留下个疑案。

他宠幸倚仗的兄弟司马道子，贪杯尤甚，由贪杯而敬神佛，亲僧尼。这位两朝集权力于一身的皇室正统，没多大经世治国的本事,也少乏尽心为业的勤奋,而是沉醉于酒,耽喜于佛,迷恋于园林琼宴,一步步将国运损干榨尽。史书载:"于时孝武帝不亲万机,但与道子酣歌为务。姐姆尼僧,尤为亲昵,并窃弄其权。""僧尼乳母,竞进亲党,又受货赂,辄临官领众。"将朝政弄得乌烟瘴气。

司马道子嗜酒,嗜得似乎比李白、刘伶、陶渊明更加传奇。他常常摆长夜之宴,弄得自己和众酒客"蓬首昏目",根本顾不上朝政。桓玄去拜见,他满口醉语,惹得桓玄怀恨于心,助推了桓玄的反叛之心。他在家中筑山穿池,列竹树木,并使宫人开酒肆,在水边卖酒,与众亲信乘船其间,随岸讨酒取乐。他还与被封为皇太妃的嫂子"亲遇同家人之礼","恃宠乘酒,时失礼敬"。后来,干脆不问事,"日饮醇酒",将政事全交托给别人。有病时也不忘饮酒,且昏醉,被托付政事者告上一状,免去职,酒醒,才知道被免职,"于是大怒,而无如之何"。复了官后,并不思悔改,"更为长夜之饮",成天昏醉。大军临境时,更是没有一点主张,只好对着庙里菩萨烧香磕头求保佑。眼看就要当俘虏,大臣跑来问计,只有"对之泣"。又加上当初醉酒无礼引得桓玄切齿之恨,桓玄逼奏"道子酣纵不孝，当弃市"，他被人用毒酒毒死时才39岁。

　　醉酒与迷佛，是生理与精神的麻醉。这两事本身或许无可非议，它使人在生理与精神的疲惫之余获得短暂的平和与安宁。但倘若沉迷、沉醉，不知归乡，不辨天地玄黄，则会误人间事。沉迷、沉醉的安慰在于让人产生幻觉，幻觉的色彩是多样的，世界是美好的，行为是无拘无束的，艺术家可以在其中产生浪漫的想象，因此，文人与酒与佛似乎有天然的联系。但政治家若如此便危险了。世界是现实的，现实事务的处理是琐细的，特别是治国理政，浪漫都会误事，何况沉迷、沉醉于那个虚幻的想象世界？酒本不是坏东西，佛更是一种正道，关键是所用之人、用的时机和程序。商纣王的酒池肉林误国，梁武帝沉湎于佛而亡国，便是典型的例子。司马曜和司马道子这一对君臣兄弟，举杯邀月，对影醉语，没有谪仙之醉创作惊世之作的才气，而是使自己政治上的舞步徘徊、凌乱，亡国亡命。念经诵佛能超度亡灵的僧尼参预朝政，并没有使他们治理的王朝止息干戈，迎来人人向往的天堂世界，反而引得国乱君亡。这两兄弟不知死前悟否？也许那一瞬间，他们还向往着僧尼指引的苦海彼岸，那里倘有酒否？

王导的识势用势之术

王导在东晋开国历史上是个举足轻重的人物,其功劳、名望及殊荣类似蜀的诸葛武侯。读《晋书·王导传》时印象最深的是他的识势用势之术,及造势的手段。

司马睿在洛阳时,不过是诸王中普通的一位,王导便劝他去封国。这说明王导已识西晋的大势,诸乱难息,皇室可危,当时的意图许是为司马睿安危着想,不料,不经意间为晋室再续布了一枚棋子。王导也随司马睿去了藩地，所在地为孙权所建的建康，即南京。此时晋中央政权已乱，归附的吴人不服心滋生。司马睿到任后，"吴人不附。居月余，士庶莫有至者"。地方官上任，没人来拜，王导很焦急。这时他的兄弟王敦来访，他对王敦说："琅邪王（司马睿时封之王）虽然仁厚，可是名望还浅，你在这里多年，名气已经很大了，应帮他一把。"于是便拉上王敦，陪司马睿巡察多处，大肆张扬。吴地的一些知名人士悄悄观望，渐渐到道旁拜见。趁此机会，王导又劝司马睿挑选当地有名望的社会贤达。吴人逐渐归附。洛阳陷落后，中原人士大批渡江来归，王导又劝司马睿挑选贤能人士，大胆起用，一为延揽人才，再者也对江北仁人志士有吸引力。祖逖不过一介书生，一过江，还未到南京，便被封为丹阳太守。原来我很不解，这才明白都是王导的主意。人心不附，拉有威望的人来作招牌，以达"明星效应"，引使众人归附。现代传媒的广告术大约也受古人此类事的启发吧。

王导功劳大，元帝要封他大官，王导上书拒绝，其理由倒不是谦虚，而是说："当初荀彧在曹操那里，功劳已很大了,'封不过亭侯'。现在封的官够多了,互相攀比,许多人不满意,应当从我开刀,做个样子给众人看。"果不其然,那个有本事的桓彝过江后觉得职务低了,忿忿不平,看到王导也不过如此,便没什么意见了。时值北地动乱,晋都陷落。朝野惶惶若惊弓之鸟,大臣聚会,对国势相对而泣,王导正色严斥:"当共戮力王室,克复神州,何至作楚囚相对泣。"他以自身的气势激励众人的士气。

他的兄弟王敦造反,牵连了他,有人建议杀了他。他带领王氏子弟每天到皇宫前跪拜请罪,至诚精神感动了皇帝,便下诏饶恕了他。朝中派出讨伐王敦的大将,担忧王敦本事大,有些怯战,正巧王敦这时有了病,王导又带王家子弟大张旗鼓为王敦发丧。出征将士听说王敦死了,便信心十足地出征。读史至此,顿然喷饭而笑。王导这是在演戏呀,但这戏演得好,为造势而演。前场戏是保身,后场戏是保国,都达到了预期的戏剧效果。

类似这样的例子很多。例如,皇帝尊敬他,让他与之共坐龙床上朝,王导拒绝,其理由是如果太阳与万物一般上下,人们怎么仰视太阳呢?这仍是从广告效应考虑问题的。而皇帝下手诏，自云"惶恐言"，并称"敬问"，这成了对王导手诏的格式，王导并未拒绝，因这是他们两个人之间的事。

更有趣的是下面这件事：遭了浩劫后，宫中空虚，没有钱了，只有数千匹练布。王导想出个主意，他让众朝臣都穿练布制的单衣上朝，追逐时尚的朝野之士都仿而效之。练布身价大涨，他用昂贵的价格将这些练布卖出去，缓解了财政危机。谁说封建士大夫不善经济之学呢？王导完全可称得上是个精明的商家。如果他去做生意，估计也会成为陶朱公的。识势、因势、用势、造势，政治与经济估计是相通的。用治国的方法经商，用经商的方法治国，归根到底是哪种学问的方法？怕是谁也说不清。正如日本人研究《三国演义》，从经济学、管理学到人才学，五花八门的研究都有三分道理。不管怎么说，在偏安一隅、内外交困的局面下，王导辅助三帝，生前东晋不倒，自己还能善终，确为不易。

从刘弘拒封女婿谈起

提起荆州,人知刘表、刘备,少知刘弘。刘弘是惠帝时统领荆州诸郡的,他也很了不起。晋没有演义三国的小说,其统领荆州少了那种名气,但从一事可见他的为官为人。当时荆州十郡官员空缺很多,刘弘上书补缺,皇帝同意,他便"叙功铨德,随才补授,甚为论者所称"。刘弘在上表惠帝的书中,对重要人事的任免,分别说出详尽的理由，论功行赏，以才配位；知属下立功不隐，分赏得当，说是为人善举，用"知善速福"一语鞭策警示。特别是朝廷觉得襄阳太守一职太重要，否决了他提出的人选，命以刘弘女婿从东平太守转位，这是皇帝的主张，刘弘本可顺水推舟，且以女婿的资望是能胜任的，但他不同意。他上书皇上说，因为是自己的女婿，才不宜上下为官，统天下者，宜与天下一心，任一国者，宜与一国为任。如果因为嫡亲才可用，荆州十郡，岂不是要有十个女婿？还是建议用原来的人选。皇上只好答应了。

在用人上，有举贤不避亲之说，这话没错，但倘若此语成为任人唯亲的挡箭牌，则大有问题了。刘弘的这个举动，不仅仅是用他女婿一人的问题，更是彰显他任人不唯亲，因亲反示严的品格。有这种胸怀，他治理荆州甚得人心。古人云，"老吾老，以及人之老"是君子品格，那么"亲吾亲，以及人之亲"更是君子的亮节。《晋书·刘弘传》记载，夜里巡查，他看到城墙上一个年过六十的老兵衣衫单薄，唉声叹气，便送给皮袍衣帽，并安排些较易的差事；旧制规定有两处山泽禁止百姓捕鱼，他上疏恳求解禁；军中原分等级配酒，他宣布改革，从他本人到士兵，一律喝一样的酒;逃亡来的伶人多,部下建议成立乐队,他严厉拒绝,以刘表为例,说明理由,等等。

后世闻名的陶渊明的祖上陶侃,当时正是刘弘的部下。他常常被人告黑状。但刘弘不信谣言,予以信任。陶侃出征前,为避嫌疑,将孩子送到刘弘处为人质。刘弘说:"你父母年迈,正需要孩子照顾,你送到这干什么?匹夫之交都不相负,何况你这样堂堂大丈夫呢?"

纵观刘弘二三事,都说明他是个正人君子,是个好官,且是生活在惠帝八王之乱时期的好官,更不容易。看皇家诸王争争斗斗,骨肉相残,像他那样的为官者左右照应,在夹缝中生存,全凭自己的忠心和热血尽可能使社会安定一些,使平民少受一些苦,不怨天尤人,不甩包袱,更不会抢占地盘,自立为王,割据一方,仍然坚持自己的原则本分做事。这大概便是中国传统士大夫的"不改其志"吧。刘弘是个武将,武将兼有士大夫的儒雅风度,兼济情怀,在那个年代是不多见的。由此看来,他拒绝重用女婿,便不足为怪了。联想到即或是曹操、张唯才是举的大旗,揽天下之士,但在带兵都督的使用上,总是超不出曹氏、夏侯氏这个小圈子,像张郃、张辽这样的人,怎么也当不上都督。他打的那些败仗，能说与都督的使用没有关系吗？类似司马懿、郭淮、邓艾等，只在曹魏晚期方才当上都督。但那时，在位驾驭的已不是雄才英主了，乃至皇权旁落，花开司马家。史上之诫，确应引人三思。现代网络上有"三爷坏事"之说法，即儿子（少爷）、小舅子（舅爷）、女婿（姑爷），这"三爷"误国毁家。因任人不避亲之名，重用"三爷"及其他爷引祸者，当学学刘弘。

豪杰三代血变色

医学上说，人的疾病百分之九十以上来自于遗传，由医学的遗传学研究延伸至社会学，血统论颇为流行。连清高的屈原，也自称"帝高阳之苗裔兮，朕皇考曰伯庸"，炫耀自己出身于三皇五帝的高贵血统；穷困潦倒的阿Q，张口闭口"我祖上比你阔多了"，引得人们捧腹而笑。政治家、艺术家的传记往往上溯八代，考察其血脉的延续。其实在现实生活中，这些考证往往不可靠。从司马懿到司马炎，雄才大略，霸气十足，恐怕怎么也不会想到会有晋惠帝这个痴呆、懦弱的后代。因对陶渊明感兴趣，在读《晋书·陶侃传》时格外留心，总想从陶侃的身上找出陶渊明才华、个性的血统传承线索，然而，结论令我大为失望。

陶渊明与陶侃，尽管是仅隔两代的直系血统，却完完全全是两个不同时代的人、不同类型的人、不同气质的人。虽谈不上孰优孰劣，但血统是变了色的。如果用形象化的语言表达，一是红色，一是白色。红则红得浓艳、热烈耀眼，白则白得圣洁、淡朴、宁静。两者有着截然分明的色泽分野。

陶侃是武将，陶渊明是文人；陶侃是朝中显贵，陶渊明为山野隐士；陶侃出身底层，一心凭借文武才艺显达于乱世，陶渊明出身官宦大族，却一心归隐，悠然南山；陶侃位居三公，晚年拜大将军，享受"剑履上殿，入朝不趋，赞拜不名"的待遇，陶渊明却种菊山间，锄豆垅田，举酒常赊，终老于隐。是命运的作弄吗？并不尽然，更多的是个性使然。陶侃"早孤贫"，但达者之志并未丧失，一区区县吏也干得津津有味。有位孝廉来家，家里穷，招待不起，母亲卖头发换来酒肉钱。感动了这位孝廉，向当地太守举荐，走上政坛。陶渊明出身望族，虽然晋朝换代了，父辈官做得小了，但是祖父的影响仍在，家族的余荫仍存，又因条件优越而受到良好的教育，故初入政坛便当任彭泽县令，比祖父的政治起点高多了。陶渊明只是志不在此，或者说性格不适于此，便辞官不干。他不愿折腰，委屈能比祖父当初大吗？不是的！陶侃当主簿时，太守母亲生病，要到数百里外去请医生，且大雪寒天，所有人都有难色，只有陶侃自告奋勇去请医，此精神感动了太守，委以重任。他到洛阳，初时拜见权倾一时的张华，张华鄙夷他，不搭理他，但陶侃没有埋怨，恭敬如初，方才获得了张华的信任，被封以大官。后来南征北战，治州巡府，置身于官场构陷、倾轧的旋涡中，他都忍辱负重，进退自如，方获步步高升，史称"勤于吏职，恭而近礼"。这是陶渊明难以想象的。

陶侃坚韧，有意志，即使已贵为郡守了，也不沉湎于享乐。治州无事时，他每天将数百个大瓦缸从屋内搬到屋外，又从屋外搬到屋内。别人问他这是干什么，他说，志在收复中原，不能因优逸磨损了斗志，以此磨砺自己。陶渊明有诗句"刑天舞干戚，猛志固常在"，被鲁迅称为金刚怒目式的诗句，不知作者在构思时，是否想到这位称得上猛士的祖上。陶渊明散淡，如闲云野鹤，种田自足，赊来酒就喝，望望南山，赏赏菊花，子弟读不读书无所谓，老小饿不饿肚子也不着急，身内身外无牵挂，心灵极大地放任自由，甚至可说懒散。

要说寻找众多不同处的细微共同点，也有。陶侃喜欢冥想，"终日敛膝危坐"。但他冥想的内容怕是与陶渊明不同，千绪万端，中外大事，无所遗漏，想的是经国大业，治军理政要务。而陶渊明呢？斜倚篱前，看着盛开的菊花冥想，不知夕阳余晖将尽，暮色苍茫中怔神一顾南山，完全是一种入禅状态，陡然冒出诗句，恐怕也不是杜甫、贾岛似的苦吟，天然拈来，唯其如此，别人很难学来。

两人都喜饮酒，酒量是家传的。陶侃饮得有节制，定量一过，立即不饮了，部下不解，他说，"少曾有酒失"，老母亲常常规劝他，他也在去世的老母亲墓前发过誓，不敢违约，这显示出政治家的自制本色。陶渊明的饮酒更出名了，有酒必醉，哪有什么节制之说。当县令时，在县衙的公田全部种上酿酒的粟黍；穷困时，谁给他送来酒，不闻不问，喝醉方休。赏菊、醉酒成为他千古留传的文士风采。终于发现陶渊明真正继承祖父的是喜柳、种柳。史载，陶侃"尝课诸营种柳"。不知陶渊明喜柳，并自号"五柳先生"是否受祖父衣钵影响。当后世争论陶渊明身上到底是老庄之说影响大，还是儒家思想影响大时，我发现陶侃有言："老庄浮华，非先王之法言，不可行也。"陶侃说得斩钉截铁，估计他会以此理念训导儿孙。这对陶渊明有多大影响？望研究者追寻。

陶侃四十余年官场、军事生涯，但没有成为追名逐利、心野庸俗的官僚，他的行为时时彰显封建士大夫的风骨正气，许是这一点，影响了陶渊明的为人、志向。他病终前，主动向皇帝上表，请辞一切职务，并退还印绶、勋带及皇上封赏的贵重物品，不留给子孙以供炫耀的资本。他当时重兵在握，权倾一时。在那个有枪便是草头王的动乱年代，他是有条件像石勒、刘聪之类割据称王称帝的。曾有异端说，陶侃年少打渔时，曾打上来一把织布梭子，挂在墙上，风雨雷电时，梭子化为龙升天了。又有传说，他曾做梦长了八双翅膀，飞上天，见到九重天门，进去八重，只有一门不得入。看门的神仙一杖将他打到地上，断了左边翅膀。这梦看来是真的，陶侃也曾想过割据称帝，但想到这个梦，"每思折翼之祥，自抑而止"。

要不是这个梦，陶渊明大概也成龙子龙孙了。不过，以陶渊明的个性与气质，会不会又是一个南唐后主李煜呢？世上再也没有"采菊东篱下，悠然见南山"的千古绝唱。"问君能有几多愁，恰似一江春水向东流"，又不是陶渊明能感受到的，还是还这位大隐异于祖宗的纯白所变之血吧。

悠然、淡然，不求显达，万不料陶渊明以诗文显达于后世。想当年，陶侃激励属下，以大禹圣者惜寸阴，众人当惜分阴，不可"自弃"逸游荒醉，"生无益于时，死无闻于后"。万不料，后世之人知陶渊明者多，知陶侃者少，历史有时也极会开玩笑。

东晋朝堂两神仙

葛洪和郭璞,是东晋朝堂中的两位神仙。葛洪是道家,郭璞是卜者。道家修身,卜者测世。修道的葛洪81岁无疾而终,为卜的郭璞49岁见杀。两人的结局是耐人寻味的。

史载,葛洪"性寡欲,无所爱玩","为人木讷,不好荣利,闭门却扫,未尝交游"。封侯,官居散骑常侍,不以为然，一心要炼丹修仙，听说交趾（今天的越南）有丹，求为附近的地方官。好不容易求得，半道又被官截留，只好留在罗浮山炼丹。死时，"颜色如生，体亦柔软"，被放置于棺材时，轻如空衣，世人以为他真的尸解成仙去了。不管真相如何，在乱世，他安稳地度过一生，又平平安安地离开那个世界，已堪称奇。其留下的《抱朴子》一书，在中华传统文化的经典中占据一席之位，可以称得上神仙了。如今逛西湖，还可见葛洪炼丹处的名胜古迹，不知西湖边的这座山，是否便是历史书记载的"罗浮山"，待查。

郭璞的经历复杂，故事也多，结局却很惨。他的经历更多展示了一个"神"字。青年时师从人称郭公的卜者，得其真传。据说，他熟读郭公传授的《青囊中书》七卷，熟阴阳八卦，知人间祸福。门人想偷看此书，书为火所焚，因之失传。郭璞卜卦，奥妙曲折，大致分以下几类。

一为博识。有人的良马死了，郭称可以医治。他让人持长竹竿，去三十里外的一个丘林社庙，捉一个类似猴子的动物。这动物见死马，"嘘吸其鼻"，顷刻马起，"奋迅嘶鸣，饮食如常"。不知这是何物，张华的《博物志》

也无此记载，推断怕是民间医方中的蟾蜍、毒蛇之类的吧。宣城城下，来了只谁也不识的动物，"大如水牛，灰色卑脚，脚类象，胸前尾上皆白，大力而迟钝"。郭璞卜卦，从卦名读出此为"驴鼠"，使人刺之，有人建议杀其作神庙的供品，他劝说，其是暂时路过的神灵，放了吧。看来他还有保护珍稀动物的意识。

二为测时。他见茱萸四株交林而生，鼫鼠出于延陵，卜称有妖人称制，郡县有祸。这也可能是郭璞习民情，知乱象于微末。

三为察祸。王导问卦，郭说他有震灾，解救之法为，西出数十里，得一柏树，截身长一枝，放床边，可免祸。后几日，果然有震，柏树粉碎。我猜王导许是朝廷事太烦，心有不安，郭采用的是种心理疗法。至于他卜卦灵验，得地下铜铎、铜钟之类，估计是如陈胜、吴广当初鱼肚中藏帛书的手法，无非是劝皇上行善举，改元罢了。

四为判凶吉。民间说说倒也罢了，在朝堂上判定军国大事，便说大了，更因此最后将命也搭上。王敦欲叛逆，让郭卜卦，郭测判"不成"。朝廷也让郭卜卦，出兵征伐王敦是否成功。郭卜卦测判，大吉，可成。许是对正义一方给予信心，非正义一方给予劝止，郭璞是是非分明的。谁知武夫王敦偏不信这个邪，一怒之下，杀了他。在此之前，郭璞有个好友去世，他哭"焉知非福"时便已知自己置身贼营的大祸不可免。测定桓彝与自己的命运奇准，也是从大势判断可得出的结论。

五便是装神弄鬼。他喜欢上别人家的婢女后，取三升小豆，在这家主人住处撒一圈。主人夜间做恶梦，梦见赤衣人数千围其家，便找郭来卜卦。郭说那个婢女不宜留，往东南二十里便宜卖掉她，而郭暗地里派人去买，喜获此女。这装神弄鬼有损阴德，当然，他也许会点催梦术之类的把戏。也有人装妖骗到元帝头上，此人叫任谷，说是在种地时被一个羽衣人奸淫，他身为男人竟然怀了孕。临产时，羽衣人又来了，用刀穿其阴下，产出一窝小蛇，他便成了太监。元帝将任谷视为神人，养在宫里。郭璞又不得不动用三寸不烂之舌，将任谷说成"妖"，并振振有词："为国以礼正，不闻以奇邪。"这位神仙以奇邪获宠，在这里又驳斥奇邪之荒唐，倒也是五十步笑百步了。

活神仙郭璞还是个有学问的人。他注释《尔雅》《楚辞》《山海经》等，留下著作十几种，筮验卜卦之类的书也不少。后世卜者，往往以郭璞为师承，也正如修道者以葛洪为师承一样，在这两个学术领域，两人皆为大师、神仙。

晋朝不旺，却产生这两位神仙，且均在朝为官，想来也为奇事一桩。危朝多妖，危朝是否也生神仙呢？

王家国宝是活宝

"旧时王谢堂前燕,飞入寻常百姓家。"该诗句点出晋时王谢家族曾经的繁华。王氏在晋,高官巨宦众多,士族子弟昌衍,达者显者荣宠一时,著名者如王导、王敦等,又有王羲之的书法独步天下。龙生九种,种种各别,不肖之徒也不乏其人,名为王国宝者便是不肖者之一。

王国宝属王湛这一支。王湛子王承;王承子王述;王述子王坦之；王国宝便是王坦之的儿子。祖上四代，均有盛名。王湛"初有隐德，人莫能知"，熟习周易，有君子之风，人称为"痴"，连孝武帝也常拿他开玩笑。王家子弟称其痴叔，世人论其风节不在山涛以下。王承"清虚寡欲"，"弱冠知名"，王导等东晋名臣均出自他的门下。王述也以"痴"著名，但大事并不痴。如桓温要纳王坦之女儿为媳，他极力反对，可见政治见地非同一般。《世说新语》书，其性急，吃鸡蛋，因浑圆不得，大怒掷地，又用脚踩，捡起放口中咬破后又吐之的故事，说的正是这个王述。王坦之便更有名了。他与谢安共掌国政，辅助幼主，功勋卓著。临终时，他与谢安、桓冲书，"言不及私，惟忧国家之事，朝野甚痛惜之"。

贵不过三代，到王国宝一代，便与父祖辈大相径庭了。王坦之给儿子起名"国宝"，大概希望儿子将为国之重器吧，可惜他令其父失望了，王国宝没有丝毫祖上三代人士林、名臣的风范，连普通人也因其行为所不齿。史载，其"少无士操，不修廉隅"，连老丈人谢安都看不惯，压抑不见用，他转而投靠那个昏荡的司马道子，获得重用后，转而说老丈人谢安的坏话。由于女婿的挑拨，弄得谢安一度在皇帝面前失去宠信。旁边人都替他隐忧。有个叫桓伊的外官,善吹笛,据说有蔡邕留下的柯亭笛,在皇帝面前借以笛歌诗经《怨歌》,劝谏皇上,信任谢安,使谢安当场"泣下沾衿"。谢安之泣,除感激之外,是否有外人均如此厚己,女婿却害己的难言之泣呢?由于人品低劣,他的舅舅范宁也鄙视他,而王国宝竟然将尼姑送进后宫,造舅舅的谣。有一次他听说大臣向皇帝告状,将会被免官,便穿着女人的衣服,装扮成王家婢女跑去向司马道子求救。与同僚喝酒,"骄贵使酒","攘袂大呼",并且随手捡起杯盘乐器砸大臣,弄得连皇帝都生气了。王国宝见事不妙,转而疏远司马道子,求谄献媚皇帝,气得司马道子见面训斥他,并掷剑击他。卑劣之人倒有卑劣的手段,后来他又与司马道子巴结好了,官做到尚书左仆射。因扰乱朝政,后被外臣指名点姓起兵诛伐。遇事时,又首鼠两端,狐疑不定,哪有国之重器、安邦定国的风范?后来还是被司马道子当成替罪羊,绑杀作为退兵的代价。史载其"贪纵聚敛,不知纪极,后房伎妾以百数,天下珍玩充满其室"。这哪是什么国宝?活脱脱一个王家活宝!

他的弟弟王忱也是个活宝。"性任达不拘",晚年尤嗜酒,"一饮连月不醒",三天不醉酒,便觉形神不相亲。他还常常裸体出游,老丈人家有丧事,他醉酒去吊丧,老丈人号哭,他率领十几个宾客,臂挽臂,发连发,赤裸裸地绕尸体转三圈才走。这是哪门子的吊丧方式?须知,王忱不是一般人,曾出为荆州刺史、都督荆益宁三州军事、建武将军、假节,是大人物!

活宝柄朝政,全仗门阀制度下王氏的镀金辉煌,可见东晋王朝气数将尽,胡闹得过了头。王气黯然,晋室轰然倒塌,活宝们想来也不会有好命运。树倒猢狲散。散了的猴子还可去山林逍遥,或重新结伴成群,倒了架的活宝们呢?怕是凤凰落毛不如鸡,惶惶若丧家之犬吧。乌衣巷歌舞场衰草疯长,旧时王谢堂前的燕子飞入寻常百姓家倒还是不错的,免得又会成为活宝!不信,《红楼梦》中的巧儿,虽成为纺绩农妇,但比起她的叔伯兄弟姐妹们,谁又能说不是一大幸呢?

谢安的沉得住气

苏轼论豪杰,"泰山崩于侧"而色不变,以与匹夫见辱,拔刀而起相对照。干大事者,在任何危急关头,都能做到有定力、有耐性、有韧劲,喜怒不形于色,处危地而神态自若,刀架在脖子上尚能谈笑自若,世有,但不多见。诸葛亮唱空城计,司马懿辨诸葛弹琴而音不乱,可算上一例。史所传颂淝水之战中,大兵压境,以少抵多,有亡国之危的这一仗,作为总指挥的谢安神色不乱,奕棋如常,听到胜利的消息,平静一语,下棋依旧,显示出其大帅的风度,史称雅量,也即常人说的沉得住气。

谢安如此沉得住气,恐怕与他天生的性格、气质有关。他少年时便享有盛名,但无出仕意,几次征召,或以疾告归,或干脆不干,成年累月悠游山水,谈诗论文。直到40岁,家族中唯一显赫的谢万被黜,方才有"出仕意"。起步虽然晚,起点却很高,很快便位至中枢,掌柄朝政。这种要么不干,要干就干大的,干就干得上的现象只能出在谢安这类门阀高贵的士族子弟身上。当然,也与他的朝望大名有关,这大概也是晋代政治的特色。倘若一个台阶一个台阶地让谢安历练,出道这么晚,怕是七老八十,寻一州府而治也难。

沉得住气,需要胆识。谢安入仕前,胆识便不小。他与人泛海漫游时,遇海上风波汹涌,同行的人惧怕慌乱,他却吟咏依旧,有"不管风吹浪打,胜似闲庭信步"的自若,连见惯惊涛骇浪的驾舟人也被感动了。简文帝病逝,大权独握的桓温带兵而进,招谢安、王坦之这两位顾命大臣,有诛伐谋篡的念头。政治大家王坦之都害怕了,谢安却神色不变，抱着"晋室存亡，在此一举"之心，拉上王坦之去见桓温。这时的王坦之"流汗沾衣，倒执手板"，谢安却"从容就席"，慢言轻语讥讽质问桓温："大将军带兵守边境，保国土安宁，怎么在墙壁边藏兵呢？"许是谢安这神态、风度、气质、询问震住了桓温，桓温连忙笑语与谈，在谈笑中平息了一场宫廷政变。要不是正史明载，简直让人觉得这是传统戏剧中的一幕。苻坚大兵压境，举朝震惊，唯独身为统帅的谢安安静如故。即将领兵对阵的侄子谢玄去问计，谢安却拉他下棋。本来谢安的棋艺逊于谢玄，但由于谢玄这时心神不定，被谢安赢了。赢棋后，他又到外甥的别墅去游玩，夜晚回来后，方才召集将帅，布阵点兵。沉静如此，定然如此，是非常人难以做到的。

沉得住气，也是建立在充分自信基础上的。如果心中没有底，"沉得住气"仅仅是一种表演，只会贻笑天下，比如那位痴儿皇帝听报百姓闹饥荒，何不吃肉糜的对答。气是沉住了，但留下滑稽的笑谈。谢安知自己几十年在野修炼积攒的人望、才华本钱，才敢40岁出仕；知苻坚军情、为人本事，知谢玄、谢石的能量，再加上对自己筹划方略的自信,才会这么沉得住气。桓玄本不服谢安,大兵临境,桓玄都以为国亡将危,特派兵三千去拱卫京师,被谢安退回去了。谢安说没事,这样来兵支援,反显出京师危险的征兆,弄得桓玄捶足哀叹,准备当亡国奴。后淝水之战得胜,桓玄顿觉羞愧,自知本事不如谢安。

　　谢安虽神,但他也不是神仙。自信就必胜吗?准备好就必胜吗?运筹帷幄就必胜吗?兵者,诡地也。战场上的事瞬息万变,经常会出现意料不到的事,神算的诸葛亮还会失街亭哩!我想谢安不会想不到这一点。他或许认为谋事在人,成事在天,人谋已尽力,成败如何,只能孤注一掷,败了也认了,哀叹无用,慌乱更无用。正如当初悠游遇海浪,船翻了,慌乱、哀号有何用?还不如笙歌一曲,死亦快乐!正如人们看"泰坦尼克号"游轮将沉,乐队表演依旧的场面。拉王坦之去见桓温,成败在此一举,淝水之战大军压境却谈笑淡定,怕也是因为此。这也是"不以物喜,不以己悲"的道家思想反映。谢安是信老庄之说的,早年不仕悠游,忘情于山水,常常在临安山中,坐石室,临溪谷,悠悠叹曰:"此去伯夷何远?"这种仰古之大隐伯夷的形象与朝堂举足轻重、宦海长袖善舞的形象构成了一个真实、完整的谢安。他为政，"镇以和靖，御以长算"，"文武用命，不存小察，弘以大纲"。他与同时代的名臣王导、王敦、桓温、郗鉴、司马道子、王坦之等都打过交道。这些人互相倾轧，性格各异，谢安却与之相处波澜不惊。事业正隆时，常有归隐之心，史称"东山之志始末不渝，每形于言色"。甚至晚年准备坐大船游览，返回老家东山归隐，连"泛海之装"都准备齐了，惜浪漫之举未成行便病逝了。一心念神仙游，珍惜光阴享乐当时，许是谢安的心态。知音律，爱好伎乐，筑盛园，快乐事孜孜以求，出仕前游览时，必以妓女相从；耗重资修东山别馆，"楼馆林木甚盛"，"肴馔亦屡费百金"，常邀众子侄游东山，笙歌曼舞，美食酒酣，酬唱诗对，妙理玄论，盛极一时，成东山胜景，其侈靡也为后世所诟病。一个心底有神仙的人，将人间事看得很透，看得很淡，成败荣辱的结局并不影响他出世入世心态。这或许也是他临事沉得住气的根本原因吧。

  谢安已去，东山常绿，惜后来的东山子弟便没有他的运气和雅名了，大都命运蹉跎，哪怕是在淝水之战立下赫赫战功的谢石、谢玄。以诗传世的谢灵运继承了他耽乐山水、诗文风雅的一面,但经纬治国之才、宦海悠游之术一点也没学来。神仙是不好学的,哪怕是地上的神仙,"沉得住气"这简单的学问都是普通人莫及的。

王羲之的拿得起放不下

提起王羲之，人们首先想到的就是他的书法，他的《兰亭序》。其为艺成就可谓高山仰止，其光芒掩盖了他的仕途风云。王羲之出身于豪门高第，是太尉郗鉴的乘龙快婿，被权倾一时的从伯王敦、王导深为器重，从政的阶梯天然而成。他与谢安友好，曾是庾亮部下，朝中显贵几乎无一不是他的政坛贵人，自己又少负盛名，按正常发展,前途未可限量。他初入政坛便为秘书郎,官居右军将军、会稽内史而止。

不深究其经历者,许是以为王羲之才华盖世,艺文称冠,不想为高官,其实不然。他有与谢安心心相印的地方,时有神仙般的心态和气度,但比之谢安,他时而有壮志凌云的济世愿望,拿得起,但又放不下,在隐与仕之间矛盾、彷徨,在世俗与超脱之间纠葛徘徊。他与谢安登冶城俯览的一段对话,可见两人的不同。谢安当时功高权重,却生高世之志,王羲之劝他:"当初夏禹、周文王无不克精兢守,披肝宵胆,忙于政事,你这样'虚谈废务,浮文妨要',恐怕不适合吧?"不料谢安却答:"秦朝有商鞅这样尽忠职守之人又怎么样?照样二世而亡,哪里是我这种做法引来祸端的呢?"谢安官虽大,权虽重,但似乎做神仙的心思更重,不过将当官当成一种游戏。而王羲之呢?虽时时想当神仙,对政务还孜孜以求,认真对待。历史总是开玩笑,谢安以神仙心态为官,官却当得很大;王羲之以认真态度为官,却仕途坎坷,官不过州郡。

是王羲之没有才吗?否也。观王羲之几封论时事的信件,我觉得王羲之有经世治国之才。比如,殷浩与桓温不和，王羲之以书相劝，阐明"国家之安在于内外和"的道理；殷浩要北伐，王羲之又书劝，从东晋当时的实力、内忧因素等分析，劝之不可，并从战局的形势出发，指出"保淮之志非复所及，莫过还保长江"，已是军事参谋的战略谋划了。后来的事实证明，王羲之的分析是准确的。劝书的一些言论，充分显示他的政治见地。"今外不宁，内忧已深。""夫庙算决胜，必宜审量彼我，万全而后动。""以区区吴越经纬天下十分之九，不亡何待！"没有愤青似的慷慨激昂，不是文人学士的泛论空喊，完全是负责为官的理智之音。

更值得一提的是，他在致谢安书中，指出时弊，提出建议，显示他熟悉民情、军情、国情，且经过深入调查，深思熟虑，得出一些结论。如监耗盗官米的问题，征役逃亡的原因，百工医寺短缺弥补的方法，赋税、刑法的改进等，都一一道来。他对国家的政策，指出"思简而易从，便是以保守成业"，充分展示了一个成熟、敬业官吏的效国之心。

王羲之自称"吾素自无廊庙志"，也确有几次重用不就，如"步之召为侍中，吏部尚书，皆不就"，"复授护军将军,又推迁不拜"。扬州刺史相请,王拒绝。但他的拒绝是有选择的。他对扬州刺史说:"如果让我去关陇、巴蜀,我不会推辞,护军不干,求宣城郡。"有趣的是,王羲之想干的差使,朝廷偏不让他干,他不想干的事,偏要派他干。到会稽,遇到互不服气的王述,又加上他犯上文人的梗劲,关系便弄僵了。而偏偏这个王述又是当朝权贵王坦之的父亲,朝廷任命当王羲之的顶头上司,他心中不平。不平干脆辞职算了,他又不辞职,竟然荒唐地要求将自己管理的地盘划出去,以不受王述管。这便显得小家子气了,哪能因对上司不满,就要求改变区划的?上面当然不答应,反而落了个笑柄。王羲之窝火,不从自己身上找原因,回家抱怨儿子:"我今在王述之下,不是才能相差,而是你们比他儿子王坦之差。"看看,这便是王羲之不脱俗的胡乱抱怨了。这个王述本就是个得理不饶人的主,不知有没有找碴的成分,考核王羲之管理的会稽郡工作,发现一些问题,估计当众批评了王羲之,王羲之深感羞愧、耻辱,"称病去郡"。短短休息一段时间倒也罢了,可伺机东山再起,但他却大发脾气,在父母坟前发誓,要记住那耻辱的一天,今后再不"贪冒苟进",拿天地日月发誓。这问题便闹大了,连谢安想帮他说话都难。朝廷因其"誓苦",从此不用。他这股气一直憋到临死。死后朝廷照例赠官位,"诸子遵父先旨,固让不受"。这样看来,王羲之是抱着一肚子对仕途的怨气去世的,且死也不要朝廷封赏。

看王羲之书法作品,展浮云之飘逸,游龙之放纵。读《兰亭序》,感文士之雅兴,仰天地之寄托,仿佛触摸到一个神仙般洒脱、旷达的王羲之。读《晋书·王羲之传》,仔细琢磨仕宦为官的王羲之,多了几分拿得起、放不下的成分,似隐非能隐,脱俗难离俗,其"快然自足,不知老之将至","俯仰之间,已为陈迹"的感慨,有几分当官与做神仙之间的矛盾和无奈吧。到头来,叹人生苦短,生死莫测,有陈子昂《登幽州台歌》的心境,"前不见古人,后不见来者。念天地之悠悠,独怆然而涕下。"

朱序其人

彪炳史册的淝水之战,人人皆知谢安、谢石、谢玄,少知朱序。其实朱序这个人,对大战胜利起到了关键作用。

朱序的经历多有几分传奇色彩,史称他"世为名将",辗转任太守、刺史、将军等职,战功不俗。守襄阳时,遇苻坚大兵合围,苦撑固守,连老母亲韩老夫人都登城看防。还别说,这位韩老夫人许是长期耳濡目染军人家庭的风习，颇熟兵法，看出城的西北角是薄弱环节，苻坚军会先攻，便亲率百余家中婢女和城中女子于西北角筑墙二十余丈。后不出所料，苻坚军先攻城西北角，被击退。当地人便誉称此城为"夫人城"。

后因叛徒的里应外合，襄阳城破，朱序被俘。他竟然巧说苻坚杀了叛徒，又设法逃跑，成功地在友人家藏下来。苻坚寻朱序不得，怀疑他的这个友人，便将其友人拘留。朱序为救友人，找苻坚自首。

许是苻坚也欣赏朱序的人望与才干，没因他逃跑而处罚他，还封他做尚书，挟带他随军去攻东晋。苻坚自恃兵多，号称三十万，故有"投鞭断流"之说，为张扬军威，灭掉东晋军的斗志，派朱序去恫吓谢石。朱序到了谢石那里，立刻一百八十度大转弯，反而帮助谢石出主意。他告诉谢石，苻坚兵虽众多，但尚未集结，一旦集结成功，抵抗便难了，应趁这时，以精兵去袭，大功可成。谢石采纳了朱序的建议，派谢琰挑勇士八千，主动去苻坚阵前挑战，弄得立足未稳、后续未继的苻坚军队反而"小怯"。朱序这时正在苻坚军后，竟然唱起"坚败"的歌来。这一手，比当初韩信围攻项羽的楚乐之声还要厉害，一下子扰乱了苻坚军队的人心，队伍混乱连连后退，人挨人，人挤人，溃不成军。任何号令也难挡住溃败之势，连先锋大将都被慌乱的人流踩死了，朱序反而趁混乱逃走了。

朱序助战的这个情节，不可能在谢安的算盘之中，而确实又是淝水之战取胜的关键。个中曲折在于"士气"二字，兵多人众，士气先馁，谈不上优势，想来谢安以神态自若安定人心，鞭策谢玄，当有他的道理。他在以少对多时，打的是士气这个仗。朱序的建议，是从士气着眼，在后方煽风点火，也是抓住士气这个关节点，主帅与众将唱和得宜，赢得淝水大战的全胜。苻坚兵败，一跑几百里，惊魂未定，故有"八公山上，风声鹤唳，草木皆兵"的笑谈。苻坚败在士气涣散上。

淝水一仗，成就了谢安及其子弟兵的惊天奇功，却将朱序这个关键人物隐没了，有些不公道。回归东晋的朱序，以后事功多多，只是仅为官一地，不是战争全局大盘，史上少谈。最后以老病，"累表解职"。解职后，史载"归罪廷尉"，原因不详，大约朝廷念其年老功大，并未追究，算得善终，还为幸运。

一将功成万骨枯，枯骨不知名者竟多少？朱序还算得上小知名者，史上有传，未得埋没，足矣！

史官的逸事

少时喜读历史,对史官也很景仰,特别是孔子删《春秋》,乱臣贼子惧;司马迁受宫刑,卧薪尝胆撰《史记》;左丘明双目失明书史著等故事,将史官当成非一般人崇拜。年长些后,读了些史书,知道更多史官的故事,方才渐渐将史官由神看成普通的人。读《晋书》中几位史官的传记后,更拨去对史官盲目崇拜的迷雾,还对其清醒、真实的认识。

先说撰《三国志》的陈寿。其前半生在蜀,后半生在晋,有史才,但不知为什么,诸葛亮对编撰蜀的志书不感兴趣,因之蜀在灭亡前并未有部史书,幸有陈寿,在晋时撰写了《三国志》,填补了蜀无史书的空白。陈寿在蜀时并不得志,只是个小官,先是受宦官黄皓排挤,不复重用,后又因父丧,"使婢丸落"。不知这句话的准确含义,是让婢女喂丸药,还是服丸药私通婢女?反正违反了当时为官的道德,被人告了状,被免去官,一直到归晋时,仍是"沈滞者累年"。还是惜才的张华欣赏他,起用为官,方才有《三国志》传世,特别是《蜀书》的开山之作流传。他的父亲原来是马谡的参军,马谡因街亭失守,被诸葛亮杀了,其父亲也连坐受割头发的刑法。许是因这种过节,诸葛亮的儿子诸葛瞻便很不喜欢他。陈寿也用鲁迅戏称"金不换"之笔予以报复。他在《三国志》中说诸葛亮"将略非长,无应敌之才",说诸葛瞻"惟工书,名过其实"。后世有所议,真真假假,已难断定。但他对丁仪、丁廙这两兄弟,便明显失修史者的公允了。他对丁家后人说,送千斛米来,便为你家祖上留好传记,丁家后人不买账，因此《三国志》便没有二丁的传留。这有些假公济私、明目张胆地索贿了。丁家两兄弟是魏的重要人物，特别在曹植、曹丕争太子位过程中是关键角色，不留传，的确说不过去，陈寿的行为，不太高尚。由此又想，是否那时史官的俸禄太低，不能养家？又加上属清水衙门，无外快，只有出此下策？因看后面几位史官的传记，包括写《搜神记》的干宝封史官后，上奏表收入低，提出再兼一地方行政长官名义的记载，证明这种推测。这大概也是高薪养廉有其理的记说吧。

撰《续汉书》的司马彪，更是不注重品行了。他是正统司马氏的皇胄血统，且是近支，其祖父是司马懿的嫡系弟弟，其父亲也为王，但因其"好色落行"，被父亲讨厌，"故不得为嗣，虽名出继，实废之也"。大概被父亲驱逐出家，划清父子界限吧。但他却有才，且好学不倦，撰写《续汉书》，填补了班固《汉书》漏下的空白。他还对陈寿老师谯周的《古史志》进行修订，指出122处不当之处，其学至博，其功至伟。《古史志》本是谯周针对《史记》周秦以前的有异议的传说部分的考证成书，在司马迁掌握的史料尚且不足的情况下，能去伪存真，考订搜索，本身便极有学术价值，而司马彪竟能更进一步，修订谬误，重文传世于后，更了不起。

《晋书》是唐时编撰的，但在晋时，确有不少史官，如王隐、虞预、孙盛等做了草创工作，留下一些弥足珍贵的史料。王隐和虞预为修晋史，还引出一场官司。王隐早有其志，每"私录晋事及功臣行状"，写出了一部分草稿。这时虞预也在编《晋书》，但由于生长于东南，不了解中原朝廷事，常常向已渡江来东晋的王隐请教，并且借得王隐的草稿书，窃为己有。书成后，还不承认用王隐的材料。更可恶的是，他利用自己擅交权贵的本事，去整王隐，致使王隐"黜归于家"，因贫困交迫，书写不下去了，最后投靠庾亮，解决生计问题，勉强才将书写成。但他文笔差些，稍好些的章节，还是其父亲帮忙写的。虞预从王隐处剽窃来材料，文笔又好，著《晋书》四十余卷，《会稽典录》二十篇，刊行于世，王隐只有饮恨而已，那时又没法对簿公堂。

孙盛算是有骨气的史官。他在为著作郎时，大约感到收入低，"以家贫亲老，求为小邑"，朝廷答应了他，出补浏阳令，后来又为陶侃的参军。史载，他"笃学不倦，自少至老,手不释卷",撰《魏氏春秋》《晋阳秋》等史书,"词直而理正",咸称良史。桓温看了很不高兴,怒斥孙盛的儿子:"怎么能这样写呢?要是这书刊行于世,我怎么见人?"在桓温手下为官的孙盛儿子害怕了,回家请父亲删改。孙盛反过来教训儿子,弄得几个儿子跪在他面前痛哭流涕地苦求,孙盛怒气冲冲大骂不止。这是何等有趣的一幕啊!儿子们只好擅自作主删改了,但孙盛却亲自将未删改本另抄出一份,报予官府。后来晋武帝从民间搜罗该书,便有两种版本,孙盛原来写的和其儿子的斧删本。一段趣闻趣案,倒也显出晋时文字狱不盛行,否则,桓温早将孙盛的脑袋砍了,哪有后来那么多事。包括陈寿公然索贿,大包大揽写谁,怎么写,这在后来的王朝也是不可想象的。估计晋时朝中都忙于战争,顾不上史官。由此看来,收入低些也情有可原。孙盛求的浏阳令,禄俸五斗米,陶渊明还不愿为此折腰哩!

要说直书秉笔,苻坚时前秦的史官倒是有种。苻坚母亲年轻守寡,与人通奸,史官在起居注中照书不误。当了皇帝的苻坚看到这一段,恼羞成怒,要追责杀史官,幸而史官早死了,躲过一劫。史改未改不知,苻坚发怒,反而又入了史。

留取丹心照汗青是有理想抱负的古人的心愿,但记汗青的史官也是凡人,别说皇帝给史官多少自由是未知数,即使完全自主自由,史官的主观也要给留史的真伪打折扣。看来,读史还不能全信史,还得了解史官。遐想,倘若出版一套史官传书呢?对知史会更为有益吧。但,这书又由谁来写呢?

勿以己才慢不才

晋孝武帝在朝重用司马道子,乱了朝纲,始送终东晋江山。但他送大臣殷仲堪的一句话,倒颇值得玩味,即"勿以己才而笑不才"。对于为君相、为将帅者来说,"笑""慢"者往往都会铸大错。人称"宰相肚里能撑船",佛也说"大肚能容",这不仅讲能忍不可忍之事,更包括能容纳难接受之人,与己共事,为我所用,不能因己才高,而轻慢才低的人;不能有洁癖,而疏远有污点之人。王恭对待刘牢之,即是深刻的教训。

王恭以才情、操守在东晋晚期可称大家。他一度所掌握的权势可以左右江山社稷。他又少有大志,初宦为著作郎,称病请辞,自叹:"当官如果不当到宰相,怎么能驰用我的才能呢?"孝武帝也很器重他,将身后挽救危机四伏的朝政希望寄托于他,有人劝谏也没用。他的正义感也很强,对司马道子荒废朝政,重用奸邪小人王国宝等事深恶痛绝。史载几件事。其一,有个叫袁悦之的地方官,巧言谄媚司马道子,王恭向皇帝反映,杀了此人。其二,司马道子常常摆宴夜观,连谢石这样的人都媚于权势,醉中献歌,王恭正色抨击谢石之举。其三,司马道子将一个女巫奉为天师,常命她穿黄衣作法,没人敢吭气,只有王恭讥讽加批评,弄得司马道子羞愧难言。其四,他带兵在外,实在看不惯朝廷的乌烟瘴气,领兵逼近京师,"清君侧",迫使司马道子诛杀王国宝等人。可惜的是,他未能宜将乘勇追穷寇,一举擒杀司马道子,刷新朝政风气,而是半途而废,留下隐患。以后联合地方军阀,进进退退与朝臣抗争、博弈,反被司马道子采用离间计,分化瓦解,兵败身亡。

决定他败局的关键因素是部下刘牢之的背叛。刘牢之是东晋晚期名将，有本事，会打仗，训练出的"北府兵"骁勇善战，是王恭部的劲旅。王恭扶持他，倚仗他，却又从内心里看不起他。王恭自恃才高，又属清流，眼里哪有这个行伍出身的兵痞子？他言谈举止的轻慢，使刘牢之怀恨在心，竟然还不察觉，身边有人提出来，他不信，精兵、装备都交付刘牢之。恰恰刘牢之又是个吕布似的人物，后来的经历证明他三背其主，似吕布三姓家奴，三两钓饵便乖乖使他上钩背叛，使得王恭一败涂地。

王恭败得很惨，丢了城池，散了部众，仅与弟弟单骑出逃。当官久了，很久未骑马，髀生疮，一个老部下将他藏在苇席下面，用船送他逃走，半路又被一个不满他的商人告发，一个小小湖浦尉便将其捉拿送往京师。

王恭的人格，如一股清流。其死后"家无财帛，唯书籍而已"，这在东晋浑浊的政坛，实属不可多得。他还姿仪优美，风度翩翩，被赞"濯濯如春风柳"。冬日里，他常常披着鹤羽纺织的氅衣，踏雪而行，人称"神仙中人"。读《左传》时，读至"奉王命讨不庭"一句，常常掩卷叹息。其忧国，忧社稷江山，慷慨之气溢于言表。临刑前，毫无惧色，自己理发须，诵读佛经，对监刑官说："我败在不认人，所以有今天，但我对江山社稷忠心耿耿，百代之后会知道我王恭的！"大有自信永垂不朽之意。他至死的教训是错信了人，但这仅是表象，史书评他"自矜贵，与下殊隔"，恐怕才是问题的关键。一个有洁癖的人爱惜自己的羽毛没错，但不能要求共处的人都有那身洁净的羽毛。没有者，莫小视之，至少在表面上，为帅、为相、为君者更需如此。由此联想到那个亡国自缢的崇祯皇帝，勤政，俭朴，不好酒色，照样避免不了亡国的命运。他主持朝政十几年，大概没有一天满意过，从内心里恐怕对谁都烦透顶。丞相换了十几个，兵部尚书换了几十个，弄得人人自危，将帅臣子离心离德。兵临城下，劝捐不睬，敲钟不应，只有孤零零地上吊于煤山。死仍不悟："不是朕误国，是大臣误国。"史评其"刚愎自用"，"自矜"可谓一语道的。

崇祯去矣，王恭去也，留下千古的教训。孔子曰："己所不欲，勿施于人。"有些时候，己所欲，也难施于人，故民间有"水至清则无鱼，人至察则无徒"之说。从管理学上说，一个优秀的管理人员，还真得眼里可揉沙子，甚至要有打掉牙往肚里吞的海量。

隐士的无言

《晋书·隐逸传》三十六篇，文略事简，各具风采。透过这些隐士五花八门的怪诞行为，看到他们共同的一种秉性：无言。虽有言者，也是少言，即或少量，如陶潜这类以诗文传世，记载他留下的话也不多，如"不为五斗米折腰"，言简意赅，精炼至极。开篇的第一大隐孙登，连阮籍、嵇康之流见之，均是"亦不应"，"终不答","一无所辞"。而那位名范粲者,竟然"不言三十六载"。

常人说,言为心声。语言是社会性的人类交流的工具,隐逸者并不是哑巴,为何均无言或少言呢?这恐怕要从真隐士为何去隐找原因。大千世界,丰富多彩,人所相处,千姿百态。语言的交流,可以使人抒发感情,加深了解,互递信息,传达所求,喜怒哀乐形于色,言于表,连苛刻如彼的鲁迅先生尚有名言:"做人的趣味,是在与朋友有趣的谈天、热烈的讨论。"隐士们为何主动放弃这"做人的趣味"呢?

隐士为何隐?归结为两点:一是看不惯,二是不适应。看不惯,即不满所处的环境,厌烦了相处的人群,一心想超脱身处的俗务,去隐。离群索居,遁入山林旷野,连见人都烦,哪里还想说话呢?不适应,即隐士都有特立独行的个性,不循常规的思维方式,与众不同的生活态度。常人所说的,他听起来反感,他所要说的,常人听起来刺耳。隐士大都是聪明人,不乐意自己盲从而累,不愿看到别人听自己说话讨厌,干脆不说话。但不说话在人群中又成为怪物,谁愿意主动去充当动物园被人围观议论的动物呢？干脆跑得远远的，离开人群，离开喧哗的人语之境，清静地闭口不语，冥思苦想。

不语不代表他们不会语，寥寥简语，在一定环境下不得不说的几句话，往往很精辟。如嵇康问孙登："先生竟无语乎？"孙登答："子识火乎？火生而有光，而不用其光，果在于用光。人生而有才，而不用其才，而果在于用才。故用光在乎得薪，所以保其耀；用才在乎认真，所以全其年。"比喻形象贴切，将自己不语的缘由揭示得一清二楚，且禅语般点出嵇康的悲剧命运。少语的隐士类似这些精辟句尚不少。有时想来，这类语言似乎如甘蔗与柠檬最后挤出的汁液，甜酸而精粹。

不语不代表他们不思索。相反，因无语或少语，除了填饱肚子，有个遮风挡雨的简陋之地，别无所求，更有时间、有闲心去思索。再者，隐士们本身便是耽于、善于思考者，甚至可说是思考癖，只因想得多，才会有与众不同的行为方式，才会去隐。想太多的结果，一般人会去将思索的成果立德，立功，立言，恰恰隐士们对此均不屑一顾。那么，也可说他们都有广阔的精神世界，用"心骛八极"来形容，一点也不过分，貌似饱食终日，甚至饿肚子，终日碌碌无为，但不是无所用心而是心用之极。说句开玩笑的话，看《隐逸传》中的那些隐士，大部分"不知所终"，人们怀疑他们当神仙去了，但大多还是像老猫临终自觉地躲哪里死去一样，悄然去世而已。知所终的，寿命都还很长，八九十岁的比比皆是，而且没有老年痴呆的症状。看来，隐士可能都在修长寿之法。如此看来，一心盼长寿的人不妨一效：当隐士去吧。

隐士的行为，类似佛家的修禅。但仔细琢磨，又有很大不同。佛家有理想，有目标，有抱负，要普渡众生，实际上还在"有为"。而隐士是真正的"无为"，填饱肚子，有地方睡一觉即可，许是有理想、有目标，想当神仙，但当了神仙又干什么呢？不过是羡慕神仙不用吃饭，不用睡觉，自由自在，无拘无束，腾云驾雾地到处跑跑快活吗？还是"无为"！回到题目的"无言"，佛家却是有"言"的，而且话多。因要传达佛祖的圣谕，要劝诫世人脱离苦海，要经营寺院，管理僧众，甚至从小沙弥一步步向方丈位置上爬，在入世中做出世之功，不说话哪能行？不仅要说，还要说得好，巧妙地使人接受，有理让人信服，入脑入心，春风化雨，这便有了宗教中的门派辨法。

高僧玄机论理，大师著书妙说，唯恐不言，唯恐言少。即或有少言不言的记载，不过是一个修炼的过程，成师的某些手段罢了。即或如佛教经典故事中的"拈花一笑，不置一语"，也是引来众多弟子用尽语言去考证、猜测、阐述的。隐士却是真正的无言。他们修的是无言之禅，宣示的是无言之道。话多了，便不被人看成隐士了，古往今来，没举办过一场隐士论辩的法会，没流传一部隐士可师的典籍。以诗文传世的陶渊明，也只能说是个"半隐"。因他"结庐在人境"，而不是孙登似的"土窟居之，夏则编草为裳，冬则被发自覆"。即或如郭文，被王导引入家内，亦是"居导园七年，未尝出入"。要求还山，自后不复语，更无片字只语留世。佛经曾载，高僧讲法，连老虎都乖乖地听讲懂法，靠的是语言的力量。而郭文呢？在山野大隐，有老虎忽张口向郭文，郭文发现老虎口中横骨挡着，用手将骨掏去。第二天一早，老虎叼着一只鹿送给郭文表示感谢。郭文与老虎，无语之交流，高僧与老虎，多语予度化，大为不同！

当然，我说的是真隐士，身心俱隐者。那些身隐心不隐，或以隐张名，以隐求仕的想往终南捷径者，不在此例。观《晋书·隐逸传》,筛选还是标准、严格的。身隐终南,心系长安的隐士要想做到无言或少言也难,因他还得靠语言交流求仕!

陶渊明的菊、柳、桃花之意象

《晋书·隐逸传》以孙登开头,陶潜结尾,是很有意思的。撇开年代的因素,孙登和陶潜是大为有名的两大隐士。一为仙气逼人,一为田园味浓厚;一是隐为主业,二是作诗为主业。孙登除了火与光的那段话外,不见诗文留世;陶潜却诗文传世甚多,而且质量很高,被唐以后的评论界奉为李白一类的文艺大师,其田园诗、归隐诗开创了一个流派,影响绵延长久,无人仰其项背。

除诗歌外,陶潜的《归去来辞》《桃花源记》《五柳先生传》几篇传世之文辞章优美、立论新颖、意味深长,进入中国文学的巅峰之作行列。对陶诗、陶文的研究专著如汗牛充栋,迭出新章。研究陶渊明的作品是专门的学问,笔者不敢湿其衣履,仅就上述几文的所借之物意象,略发一点感慨。

宋代理学倡格物,格物致理成为一门专门的修炼功夫。格物者,由所格之物找出义理来,不知是否来自《诗经》传统"比兴"的手法。《诗经》中的诗重比兴,描述一种现象,说出一个道理,不由此说此,而是及彼言此,增添了文学的魅力,至今仍是传统诗歌理论的美学追求方向,连小学生初学语文,也得听老师大谈比喻、象征的修辞手法。诗画相通,延伸到绘画、雕塑等艺术门类,借物喻意,借物煽情,借物讥讽,是千古以来的老套路。人们分析艺术作品,往往从作者所展示之物来分析他所处的时代,对事件所指的深意,以及作者的爱憎、情趣、风骨等。甚至作品借物之所指,成为作者艺术成就的专利,如郑板桥的竹子、八大山人的怪石、齐白石的兰花、周敦颐的爱莲、龚自珍的病梅、李商隐的锦瑟、陶渊明的喜菊更是人物与共，物之风范成为人的节操风范，被贴上了标签。

陶渊明喜菊、爱菊、赏菊，亲手植菊南山下，一句"采菊东篱下，悠然见南山"，大隐的形象跃然纸上，人菊天然化一的意旨不言而明。菊为何物？生长于山野，怒放于深秋，有金黄之艳丽，不求人赏；有错时之生机，避开百花争伍的春光，仃伶独怜，倒与陶渊明的个性、经历、追求不相二致。菊花香味不浓，性味不甜含苦，落寞时瓣瓣片落，耐风霜日长，且开放的花朵纠结成团，甚而瓣张虬劲，无媚态可言。活活勾勒出了一个不媚权贵、不堪折腰，躲过人间喧哗，宁静独处，心中尚飘人格的淡淡馨香，独怜自爱的陶渊明形象。且陶渊明喜喝酒，常醉酒，对时事偶冒燥火，拣几瓣菊花泡茶解渴，以达清心明目，舒缓肝火郁结，更为方便之极啊！

陶渊明还喜柳，在屋舍旁满怀深情地植柳，自号"五柳先生"，并有《五柳先生传》传世。他对桃花也是情有独钟，奇文《桃花源记》，述桃花甚美，而不是耿耿于怀的菊花园记，这又为何呢？柳与桃花是世间更常见之物，也是诗文常借喻意象的普遍之物。人以柳喻代别离,杨柳依依,《诗经》早开先河,柳永的那首《雨霖铃》状:"杨柳岸晓风残月",更是脍炙人口;"不知细叶谁裁出,二月春风似剪刀",尽抒云淡风轻之境。这些意象似乎与陶渊明的追求是大相径庭的。桃花更是如此。桃花艳艳,桃实灿灿,人们以桃花人面相比美人,风逐桃花流水,比喻行乐及时,时光莫负;辛弃疾的"城中桃李愁风雨,春在溪头荠菜花",更是将桃李喻为城中追逐时尚喧闹之物,并与野生的荠菜花相对映。无疑,陶渊明当属荠菜花。生就荠菜花本性的陶渊明,却在凝聚自己美好理想社会的桃花源借桃花以言事,不是大为矛盾吗?

莫说笔者望文生义,柳与桃花的形象被陶渊明所借喻,所讴歌,许不是出于偶然。陶渊明是出世的。他看尽风流侈华,不耐市井喧闹,到僻静的山村寻找宁静之地。告别这些喧哗、热闹,他大义凛然,决然决断,一篇《归去来辞》,声情并茂。"田园将芜,胡不归!""鸟倦飞而知还","抚孤松而盘桓",意志不坚决,没有如此决断之文;情感不逼真,没有如此深情之文,归隐之后,看春风杨柳,垂枝千条,许是心潮翻腾,时涌人间的依依之念吧。故而,他没有遁入空门,也没有隐于深山求仙得道,还在人间,只是在僻静的乡间,与菊花、岚山为伴,还有酒。

桃花灿灿,有桃花的地方,有人间,有炊烟,即或是野桃成林处,也有猴群光顾,有生命、有活力。陶渊明躬耕自养,自得其乐,其实生活是十分艰苦的,"环堵萧然,不蔽风日,短褐穿结,箪瓢屡空",是他艰苦生活的写照。他生于门阀贵族,曾祖陶侃曾为当朝一品大员,艰难至此,听父辈谈昔日家族风光时不知作何感叹。只有以酒浇愁,以酒麻醉。富贵荣华不是他生活理想所追求的,五谷丰登,鸡鸭成群,茅舍三间,桃花几株,青山远望,小溪穿径,还是会想的。那个自给自足、其乐融融的桃花源,既无官役之束缚,又无冻饥之忧愁,不是令人神往吗?他选择了桃花这个意象,孤菊太凄清了,高洁却不是常人所能忍受的。世上又有几人能做陶渊明呢?何况桃花源这个理想国的主角是山民,山民唱的戏要用山民的语言,体现山民的美学情趣,桃花是适宜的。连人们瞻想天上王母娘娘的宴会,摆的也是蟠桃宴呢!

菊与柳、桃,在文学意象上是矛盾的,这矛盾恰恰统一于陶渊明的文学,追求于一体,不奇怪。或许,这正展示了陶渊明心底的另一面。这另一面的深处,有矛盾,有纠结,有平静海面底下的漩涡,起码是涟漪吧。陶是文学大师,时而会流露一点,方才会有"陶渊明是奉老庄还是奉儒","出世还是入世"的学术争论,方才有鲁迅先生挑剔出那句"刑天舞干戚,猛士固常在"的豪迈诗句。

菊孤标傲世,柳别情依依,桃花夭夭明灿,都是世中物,不矛盾,各有一片天地,各竞风流。风流人可以赏菊,可以植柳,可以在桃花园内体验"桃李不言,下自成蹊"。

晋末一印度和尚

《晋书》的"艺文志"——《艺术传》中,所载人物大都非文学之士,而是熟《易》司卦之人。晋朝动乱多,怪事也多,如有心搜罗收集一下志传中的怪诞奇异记载,当是很有趣的。是否因乱多怪,人惧乱而思怪,朝野场看怪为神灵,求保佑、求自安而致?不是有怕鬼就有鬼之语吗?危朝生妖,妖貌似神,怪力乱神,鬼话成篇吧。印象较深的那篇《佛图澄》传,哪像一篇正史传记?俨然一篇荒怪小说也。不过,作为小说来读,一点也不比后代的唐传奇故事乏味。

图澄是个和尚,天竺(今天的印度)人。佛教是从印度流传来的,看来这个图澄比北魏的达摩来中国早得多。他不像达摩,面壁十年为传法,开创佛教的禅宗,将印度国教中国化,而是游走穿梭于达宦高门,以解语说卦,预测吉凶,避祸化吉为职业,换取富贵,并乘晋末乱世,依傍诸侯,助乱显神,彰显佛门旁枝。

永嘉四年,他到洛阳时,自称一百多岁。他大约练过道家的辟谷功,能"积日不食",还称会诵神视,能役鬼神。此人生理也奇特,腹部有一洞。人有七窍,他有八窍。这一"窍"还很神奇:平常用棉絮塞住,晚上读书时,拔开棉絮塞,孔窍会发光,像照明灯,读书不用点蜡烛。吃过饭后,他平躺在流水旁边,掏出五脏六腑用流水洗净,再塞进肚子里。平时听铃响预兆凶吉,无不灵验。史载,当洛阳大乱时,他"乃潜草野以观变",不投东晋,不效王师,而是投靠反叛的石勒。

他为石氏三代效力,法术用尽。先是投靠石勒手下大将郭黑略。过一段，石勒很奇怪，问郭黑略："也没有见你出什么奇计，为什么常常打胜仗呢？"郭黑略便说出是图澄妙算的结果。石勒还不相信，召来图澄考察。图澄取出一钵水，默视祷告，不一会儿钵中便生出青莲花来，且光色耀日，石勒相信了他的法力。这按说也不奇，当今的魔术也可以达到这种水平，何况印度那时的魔术确实很发达。

图澄在石勒身边时的奇事便多了。算战场胜败，前线大将生死命运，一一灵验。甚至石勒有什么心思，也瞒不过他。石勒全副武装在家坐着，让人问图澄猜他在干什么，图澄都能猜准。石勒要杀几个道士，顺便也结果图澄的性命，被图澄料定了，石勒有杀机时，他藏起来；待杀机过去后，他主动上门，比"读心术"还要神验。图澄不仅可读懂石勒的心，什么人的行为也瞒不过他。他有两个徒弟，半路相遇时，谈论大和尚的是非，一见面便被图澄揭个底朝天，吓得众徒弟再也不敢在私下议论他了。人相语："莫起恶心，和尚知汝。"这比朱元璋手下的锦衣卫侦察术都省时省力。

石勒按照图澄的预测，哪场仗该打，哪场仗不该打，打到何种程度，战无不胜。擒捉刘曜的那一仗，他还会施魔法用"托儿"。他令一童子斋戒七日,自己用麻油研胭脂,研磨掌中,举手示童子,童子便从画面看到了战场结局。如印度当今的精油催眠术,不知鼻祖是否从此始。最后竟然连大臣反叛、臣子有野心、石季龙的儿子互相倾轧有杀机,图澄都能一一预测。决胜千里外,料定前因后果,确实可怕!

一般卜卦算命的,只能预测,难以改变,天意变更难,图澄却不然。可预测,可改变,并不怕天机泄露受惩罚,也不屑天网恢恢难挣脱。城池干旱缺水,连饮水的水源也干枯了。图澄称能敕龙取水,命弟子等在泉源处,坐绳床,烧安息香,叩视数百言。三天后,水涌出,一小龙五六寸许,随水流而出。石勒的儿子暴病死,即将埋葬,图澄取杨树枝沾水,洒而祝之,便起死回生。从此,石勒将儿子送到图澄的寺庙中养育。大将郭黑略在远方战败,身危,远在百里之外的图澄感应到,施法让他突出危境。他还能感应到远处火灾,取酒口喷,大雨倾盆灭火,雨中都散发酒气。

图澄因有此等魔法,深受石家兄弟的厚待。石勒死后,石季龙下书赐图澄锦衣,乘坐彩车。上朝时,百官指辇,诸太子搀扶上朝堂,礼遇极隆。读史至此,想:石季龙是政变上台的,是否借大国师的法力、威望,为自己镇台？石勒之后，图澄又辅佐石季龙统治数年。也因图澄的缘故，百姓多信佛，遍地造寺庙，竟相出家，真有"南国四百八十寺，多少楼台烟雨中"的盛景。有的大臣看不惯，上谏书也无用。后来石季龙的儿子互相残杀，图澄告诫不成，最后冤冤相报，殿堂下生荆棘，殿画中人无头，出现一系列凶兆。图澄独悟，自言自语，貌似对神求三年、一年、一月均不得，遂告养子："石氏当灭，吾当去也。"圆寂后，有人还在外地看见他。石季龙掘开他的坟墓，只发现一块石头，不见尸体。他临离开前还留下石氏灭亡的预兆。这个神秘的印度和尚呢？随着石氏割据集团的轰然倒塌成佛去了吧。

明代有个和尚叫姚广孝，助朱棣掀起"靖难"之战，推翻了建文帝，开创了永乐盛朝，也很神。图澄助石氏，掀起中原动乱，却土崩瓦解。石氏灭后，中原更乱，他却不知所踪。看来外来的和尚并不比本地的和尚会念经，真不知这位知晓身后事的印度和尚为了什么，要干什么，只为一个"乱"字吗？在乱世中表现自己魔法的魔力吗？不解。《晋书》有传，《高僧传》中不见其名，他搞的是旁门左道，其身后名与后来的印度和尚达摩不可同日而语。

东晋开国的平叛

东晋开国的元帝司马睿确实不易。中原沦陷,西晋灭亡,偏安江南一隅,支撑危局,延续晋祚,可以说是在内外交困中登基,干得却有声有色。史上"中兴"之说虽有些过誉,但是毕竟稳定了半壁江山,传承了十几位皇帝,使晋算是历史上并不短命的王朝。

元帝以藩国之身登大位,外有挟灭西晋之势的石勒、刘聪等强敌虎视眈眈，内有吴地人心未服，东吴政权的遗老、遗少蠢蠢欲动，中间还有中原来归及旧藩属的杂凑班底，其中不乏心怀不轨者。华轶、孙弼、杜弢、周抚等地方大员先后叛乱，连投降的归命侯孙皓孙子孙璠也聚吴人造反，可说是千疮百孔。东堵西塞，驾驶一艘漏船航行，他使尽浑身解数，才使这艘船没有触礁翻沉。如果将当时的朝政比成危局、残局，这盘残局他下得很好，由危转安，为司马氏扳回了光彩的一局。特别是平王敦的这场大乱，历经元明两帝，可圈可点，也为后世诛强势、平藩乱提供了可贵的启示。

王敦此人，权势迫于曹操，狠毒野心过于曹操，且晚年常以曹操相自比。史载，他"少有奇人之目"，性如豺狼般刚狠，当初目睹石崇、王恺斗富时，因婢女劝不进酒，石崇滥杀婢女，在坐人均惊惧，唯独王敦眼连眨都没眨，劝酒该不喝照不喝，才不管无辜婢女的命运。他本是武帝的驸马，天下大乱时，立即以公主的百余名婢女婚配将士，金银财宝散发于众，单车还洛阳，在乱中寻找机会。可见这是一个敢下大赌注的赌徒。元帝初到江东，人心未附，还得依仗王敦的威信扬名立威。王敦在兄弟王导的说服下，倒也咸心配合，在江东政权初创时，应当说立下了汗马功劳。

功高、权重、位殊，他的野心也膨胀起来。这时的王家，王导和王敦，一文一武，左右朝政，朝野尽称"王与马，共天下"。他开府仪同三司，以元帅进镇东大将军，统领六州军事，至明帝时，也享"奏事不名，入朝不趋，剑履上殿"的待遇，活脱脱一个当朝曹操。

但元帝、明帝毕竟不是汉献帝，尚有开国之君的豪胆与睿智。对王敦的权重妨主，元帝是警觉的，在朝中安排刘隗等人，予以牵制，封赏几位将军，对王敦以牵制，这更加快了王敦的篡权步伐。他以"清君侧"为名，带兵入京师，威胁诛刘隗，兵赴石头城，拥兵不朝，放肆让士兵在宫内、城中抢劫。这时，各官只顾逃命，刘隗也跑到石勒那里去了。元帝身边，仅侍中二人而已，差一点成了后世的崇祯皇帝。可司马睿毕竟非同一般，脱戎衣，着朝服，大义凛然地说："要抓我，早来抓，何必扰乱百姓？"这一下反将王敦镇住了，他没敢动皇帝，杀了几个大臣，增加了权力，第一场夺权之战便平息了。由此可见，王敦并不是曹操。曹操生前，一直未动代汉的心思，王敦却轻易动念。曹操动了念头，会一条道走到黑，阻拦者都格杀勿论；王敦却取利则止，给敌手以喘息的机会。

第二次举兵是在明帝时,这时天所不佑,他病了。明帝虽年轻,倒也有胆有识有智,毫不胆怯,兵分三路抵挡围剿,并大胆起用王敦兄弟王导领兵一路。因王敦威信高,人惊寒,还来个史上少见的计谋:明帝发旨宣布王敦已死,出兵讨伐王敦反叛部众,并振振有词地说:"如谁人胆敢假冒已死王敦之名,予以严惩。"一道圣旨,便将王敦定"死"了。王导也聪明,配合皇帝率众子侄大办丧事,号哭于道。振了士气,乱了敌营。前锋兵败,王敦气急败坏,病上加病,便一命呜呼了。经营多年的王敦集团土崩瓦解,被明帝一一收拾。

胜王敦的明帝,汉献帝哪能与之相比?虽二十多岁,胆略过人,智谋也过人,他能拢住王导,使之不参与王敦的叛乱,并依王导之力分化瓦解敌方阵营,放手让王导领兵去打自家兄弟,这一手足够漂亮。当王敦军临宫门时,他像他父亲当年一样,不怯压力,正言:"我本为琅邪王,让我归国去吧。"意即国家交给你们,看你们怎么办!以退为进,从气势上镇住王敦军队。更难能可贵的是,他胆大惊人,夜乘骑亲自去王敦军营查看虚实,被王敦发现,派人去追。明帝让人将热气腾腾的马粪用水浇冷，见一个卖食物的老太婆，将手握的七宝鞭送与。追骑来到时，夺过老太婆的七宝鞭赏玩，耽误了时间，又看马粪已冷，估计明帝走远了，便未去追赶。如无这般机智的谋划，明帝怕是要当俘虏，东晋的历史便要改写了。惜明帝只活到27岁便夭折，如多活20年，东晋后来许会有好些的局面。题外话：曹魏的明帝也是不错的，也因早夭，葬送了曹魏的未来。历史往往惊人的相似。

以后还有桓温之乱、苏峻之乱、桓玄之乱。想晋一朝，怎么乱个不停呢？西晋是诸王作乱，东晋是藩镇作乱。无论是王还是藩镇，都是权臣权太重，诸侯拥兵过重，枝强干弱，皇权不稳。晋以后，南北朝又乱上加乱，宋齐梁陈更是如此。至唐时，仍医不了这个痼疾，陈桥兵变皇袍加身的宋太祖总结了前人的教训，后来演出了"杯酒释兵权"的一幕，重文轻武，以防藩镇割据，尾大不掉。明太祖朱元璋干脆取消了丞相制，对有实权的文官也采取制度上的限制。一波又一波，君权与相权，中央与地方，皇权与诸侯，再加上宦官、外戚、后宫干政与反干政，构成了中国封建政治的基本话题。苦了一代代学人的探索，耗了一个个君王的心血，总是理不出个头绪，怪哉！

桓氏父子

桓温、桓玄父子作乱,是对东晋本已弱不禁风的政权致命一击,此后的东晋便难恢复元气了。父子两代的朝堂表演,再现了当初魏武代汉,司马氏代魏的一幕,只是结局不同罢了。这次作乱时间之长久,波及面之广泛,杀戮之残酷,戏剧性之曲折,几乎超过了"八王之乱"。叙述起来,更是个紧张刺激的演义故事。单就这对父子个性、风格的独特之处来看，也是闹剧中的喜剧，诙谐、滑稽、逗笑，给晋史增添了辛辣讥讽的佐料，值得一提。

王敦想做曹操，可惜不像曹操。与曹操相类似的，应当说是桓温。他擅权似曹，跋扈似曹，权重似曹，生前可代晋未代晋，也似曹，甚至狠霸个性的彰显，也可看出曹操杀吕伯奢全家的影子。桓温的父亲桓彝被韩晃所杀，是江播的主意。其父死时桓温才15岁，发誓要为父亲报仇。到他18岁时，江播已死，他的儿子江彪兄弟三人办丧事，备好刀剑，防桓温来复仇。桓温假装吊丧，突袭尽杀江家弟兄三人，这也如曹操报父仇血洗徐州。

桓温是凭军功一步步登上高位的，他为东晋政权平叛乱，抗胡寇立下了汗马功劳，他会打仗，识兵法，连诸葛亮在鱼腹口摆下的八卦石阵也难不倒他。他在意气、豪气、时发感叹这一点上，似乎也像曹操。曹孟德的东临碣石，幽燕抒情，赤壁横槊，月明星稀，乌鹊南飞，唯有杜康的叹人生苦短，可看出这位杀人不眨眼的魔王有易发感慨的率真之风。桓温没有曹孟德那种文采，但也是个易发感慨之人。收复洛阳，看见自己当年植的柳树已长成大树了，慨然叹："木犹如此，人何以堪！"竟会攀枝执条，泫然泪下。过王敦墓，连说："可人，可人！"是效之，还是惜之呢？耐人寻味。他自以为雄姿风气似司马懿、刘琨，有人以王敦来比附他，他便很不快活。出征时，遇到个老太婆，原是刘琨的婢女，见他流泪，桓温问何故，她答桓温长得像刘琨，桓温十分得意，衣冠整齐再去见这老太婆，追问像不像，老太婆答得精彩："面甚似，恨薄；眼甚似，恨小；须甚似，恨赤；形甚似，恨短；声甚似，恨雌。"桓温没惩罚老太婆，但气得昏昏然大睡，情绪坏了好几天。

看来桓温率真意气，甚至有几分任性使气。许正因这种意气、任性，才没将事情做绝，他生前篡谋的念头一直未付诸实施。他早就有废皇帝的想法，因足疾，皇帝特批他可乘辇入朝，与皇帝见了面，正要说服皇帝让位，皇帝却先哭起来，弄得桓温反而说不出口了，只好便罢。哀帝崩，本来哀帝临终要移大权于桓温的，只因王坦之直言而谏，遗诏由王坦之、谢安领中枢，桓温不服，带兵进宫，准备诛杀王、谢，只因谢安神色自若的一个询问，便改变了主意。使他犹豫不决的，恐怕还有这段趣事：据传闻远方来了一位有道术的比丘尼，洗澡时，桓温偷看。他看到这个比丘尼裸体坦露，先用刀剖开肚子，又砍去双足，再洗浴，之后安然出来了。桓温向她问凶吉，比丘尼说："假若你要做天子的话，也应当这样做。"

因之，桓温虽有蜀之诸葛亮那样的声望和权势，且一直对篡权耿耿于怀，但终未实施。在大病临死前，强要求皇帝加九锡，不断催促。谢安、王坦之知他病重，故意拖延，锡文修改来修改去，还未完成他便死了。他死前还算明智，儿子问他："怎么收拾谢安、王坦之？"他答："这不是你的事。"知道假若自己在，谢、王没办法；自己不在，杀了这两人，对儿子也不利。

他的儿子桓玄可没其父的耐心与意气，在拥重兵、掌大权之后，不顾三七二十一，挥戈京师，逼诛司马道子，对待政敌的团伙或自己看不顺眼者，格杀勿论，一直到死前仍不罢手。他可不甘心当周公，做霍光，像他父亲那样羞羞答答，犹犹豫豫，不管时机成熟不成熟，只要自己说了算，干脆将晋室、皇帝推到一边，另起炉灶，自己当皇帝，立国号"楚"。桓玄篡位的故事，不过是历代改朝换代的老手法，并不新鲜，新鲜的是他装样子充大头，图虚名的追求，至死不变。与他父亲桓温相比，桓温的意气任性有几分直率，而桓玄的意气任性可说是"矫伪"。

桓玄的矫伪，几乎将戏表演到登峰造极、无人可及的地步。他一而再，再而三地唆使部下上表，谏议自己登高位，自己又一再"谦虚"地自让。如当年曹丕、司马炎，近世袁世凯表演的把戏，他都会。他数次表求"归藩"，又自己做诏书留朝，并煞有介事地派使者宣旨，又上表"固请"，又再逼天子作手诏"固留焉"。史称"好逞伪辞，尘秽简牍"。以楚代晋，当然也要演禅让的戏剧，又担心晋帝不愿意书下位手诏，不愿意交玉玺，便派人去逼晋帝书手诏。趁盖印时，强夺之，夺到手，才放心。登坛接受禅让，准备仓促，群臣忘记称万岁，连帝讳都来不及更移。年号改来改去，先为"建始"；有人说是赵王伦的年号，又改"永始"，又有人说是王莽的年号。也不知是手下人故意作弄他，还是天意如此。

图虚名而作假，是桓玄一向的做法，明明是胸中少墨，却充学富五车，作轻舸，装满服玩书画。有人谏议，他答："这些东西应当随时在身边，如今战乱，万一有事，带也方便。"果不其然，以后兵败逃亡，随身仍带这些书画服玩，一副学问人的模样。人有好书画美园林，便想夺为己有，又不想披"夺"之恶名，强迫别人与己赌博，赢来。听说历代有大隐士不爱财物，拒财而隐，称"肥遁"，认为自己的朝代也应有，私下物色一个人，送去财物，又让他"谦而不受"，然后命为"高士"，以显自己大楚之盛、明君之明，后人称这种隐士为"充隐"，想不到无形中桓玄给隐逸篇章增添了新的一类隐士。当了皇帝，爷爷、父亲要封帝号，祖宗八代要建"七庙"配享祭祀。桓玄给父亲桓温封了帝号，却嫌祖上太低贱，只建为父一庙，饱受非议。

兵败逃亡时，还念念不忘摆皇帝的臭架子，仍是"旌旗舆服备帝者建议"。危难时刻，不忘做起居注，部下来商量怎么抗敌，他却"耽思诵述"起居注，向部下宣讲，弄得部下哭笑不得。在江陵，好不容易有个落脚点，他在城外，用幔布围成皇宫模样，召百官正儿八经上朝议事，仍不忘摆皇帝的谱。被杀前，箭如雨，嬖人为他挡箭而死，自己也中了箭，儿子替他拔下箭。有人抽刀奔来，他还拔皇冠上的玉导送去，大呼："是什么人？敢杀天子！"来人可不管那一套，一刀砍下这个"天子"的脑袋。

桓玄称帝后,花架子便更多了,穷奢极欲,典型一个暴发户的做法。"殿上施绛绫帐,缕黄金为颜,四角作金龙,头衔五色羽葆流苏。""造金根车,驾六马。"造大辇,可坐三十个人,用一百二十八人抬。好出游,因体大不能骑马,发明徘徊舆,安装转动机关,前后左右运动自如,无障碍。他经常外游,又性急,喊到谁,马上就要到,弄得满朝官员只好备上快马,随时听调。皇殿外,挤满了嘶鸣乱叫的马,全无皇宫的威仪。

率真的桓温还算善终,矫伪的桓玄下场很惨,死时才37岁。这对父子在史上已被列入逆臣贼子。不过桓玄败后,又抵挡了好一阵;死后,剿灭余党又费了些时日。想来这个经营两代的桓氏政治军事集团确是了不得的。俱往矣,历史已如桃花流水,留下的奇闻逸事可做茶余酒后的笑谈,也是这对父子给后人的贡献吧。

谢家子弟

东山谢家的代表人物是谢安。故人称谢安为"谢东山","东山再起"的出处也是谢安由隐而仕典出,其他人无此专利,只能称"东山子弟"。谢安的宏才远谋、俊雅风流,史上著名,且于宦海长袖善舞,风云激荡中进退自如,忠奸逢迎近之而身不蒙尘,在朝在野,在隐在仕,几乎都能玩得转,堪称奇迹。谢安主导的东山子弟聚会,风雅一时,世人羡叹。谢安之后,谢家虽仍是东晋望族,众多子弟中奇才也有,但都达不到谢安的地位和才望。如果将人生比成七彩,每个人都有属于自己的色彩,但在谢安,似乎是人生的七彩板,赤橙黄绿青蓝紫,尽占其艳,在他之前之后的叔伯子弟顶多占一色或两色。

东山谢家望在谢安,但开源头者应是谢鲲。谢鲲当朝为大官,隐逸者谓清流,"少知名,通简有容识"。"八王之乱"时,被人告黑状,多鞭挞的处分,"解衣就罚,曾无忤容"。解除了惩罚,"又无奇色",有谢安的味道。比起谢安,他更多几分放诞自许,史书用一个精彩的词——"远畅"。邻家有美女,谢鲲去挑逗,女怒而投织布的梭子折断他两颗牙,别人编歌谣笑话他,他不以为意,傲然长啸,说:"打掉牙,并不影响我长啸。"旅途中,他在空亭夜宿,这里因过去曾有人被杀,常闹鬼怪,谢鲲却不怕。凌晨有黄衣人呼他名字喊门,谢鲲从窗捉住黄衣人一只胳膊,拧断。第二天顺血迹捉到一只大鹿。从此,空亭再不闹鬼怪。不管此事真与假,谢鲲胆子大、处事安然看来是真实的。由于时势艰难,朝政紊乱,他不循功名,居身于可否之间,优游寄遇,不屑政事。有野心的王敦对他"既不能用，内亦不悦"。许是内心还是忧郁吧，43岁便死了，没有谢安沉得住气。我猜谢安40岁前不仕，东山大隐，不知是否受谢鲲命运的影响和启发。

谢安之后，谢家便由盛转衰了。兄弟、子侄乃至后来的子弟，再不见昔日风光，日子过得并不痛快，尽管借淝水之战的丰功老本，在朝为官者还不少，但是一代不如一代了。

他的儿子谢琰，虽有破苻坚先锋之功，在谢安死后，仍获重用，但气度便与其父差远了。母亲去世，皇帝不忘谢安的功劳，宣旨以与谢安同样礼遇合葬，并由皇家颁赠葬资，但因谢家两个女儿曾嫁给王家，都半途离异，王家记着仇，正巧王家有人掌权，故意使坏将此事往后拖延。谢琰一气之下，不顾皇帝旨意，自备葬礼葬了母亲，反而被人抓住话柄，惹得朝廷不快活，被世人嗤笑。仅这种事要耍大少爷脾气便还罢了，他领兵打仗，背着常胜将军的包袱，轻信大意。守会稽，对逃窜海岛的孙恩无防备，别人劝谏也不听，被孙恩钻了空子。临战时，又贸然取进，亲自出阵，谁的话也听不进去，身陷重围，帐下的都督也背叛他，扯他的后腿，致使他与两个儿子共同被害。

谢玄、谢石也是淝水之战的功臣，谢石还是前线总指挥。谢安之后，两人仍在朝为官，并领兵打仗。大约在没有谢安的时代，两人感觉处事不那么顺畅，多次请辞。谢玄又多病，请辞诏不许。皇帝也够意思，专门派医先去治疗，又派人打探病情。但时不违命，43岁便英年离世了。谢石与当朝权贵王恭搞得很不痛快，十几次请求告老还乡，皇帝不允。说实在撑不住了，也不允辞职，被安排在家上班，听诏令，死在任上。谢石还有段逸事：因从小脸面长疮，很难看，夜晚有东西来舔疮口，被舔过的地方皮肤发白，世称其为"谢白面"，不是白脸曹操，而是白脸谢石。

至于谢安的弟弟谢万、兄长谢奕，少有建功。史载谢奕只是好饮酒，与桓温相好，遇桓温的兵士陪自己饮，言之凿凿。跑掉一个老兵，又抓住一个老兵，桓温也不责怪他，大约是诸事不问的好好先生。谢万倒是领兵打仗，但"矜豪傲物"，"以啸咏自高"，对将士不知体恤，谢安为他深为担忧，私下还替他做了不少安抚工作，但北征战败，单骑逃回，"废为庶人"。

到了三四代之后，谢琰的儿子谢混还算得上是个人物,为孝武帝的驸马,袭父爵。据说孝武帝生前选驸马,看中了他,还未定下来,公主便死了,后来又有人给他说亲,有个大臣说:"你不要近禁脔。"禁脔指猪脖子上的那段肉。当初元帝到江东,食品短缺,大臣弄到猪肉,将这段肉奉元帝专享,故称"禁脔"。史称谢混"少有美誉,善属文",官当到尚书左仆射,大约对晋已失去信心,与刘毅搞到一起,株连被杀。刘裕受禅让建宋,还怀念他,惋惜"后生不得见其风流"。可见当时他是风流倜傥的一代人物。

谢玄的孙子谢灵运,官至太守,疏于政务,以文见长。其诗风清新自然,开创田园诗先河,与谢朓并称"大小谢",唐时的名气甚至超过陶渊明,几乎与李白齐名,李白论诗,有"中间小谢又清发"的评论。

值得一提的还有谢奕之女谢道韫,她以诗传世,是史上不可多得的杰出女诗人之一。其早年嫁于王凝之,郁郁不乐。谢安不解,她答:"我家叔父、兄弟杰出的这么多,哪能轮到王郎!"谢氏家族的自豪感可见一斑,连书香门第大家王姓家族都辱没了她。惜命运多舛,孙恩之乱,丈夫、儿子均被害,她与婢女抽刀出门,手刃数人,显出将门之女的豪气，后被俘。不知为何，孙恩并没有杀她，许是家族的名气保护了她吧。

谢氏家族的辉煌随东晋王朝的灭亡去矣！后虽有子弟偶然为官，属文，但再也达不到那个高度，更不要说再现东山聚会，群星灿灿一景。查孙恩寇越、中原动乱，当任的地方官和领兵将领，谢氏不少，惜都成刀下鬼，未见建大功者，不知多少属东山子弟，也应了五世而斩之语吧。"青山依旧在，几度夕阳红"，千年不变的东山默默注视着这个光耀的家族沉浮衰落。如今的谢安墓屹立在那里，人们在景仰之余，感沧海桑田，红尘茫茫，物是人非，或许会想：那位想当神仙的谢安石，在宦海政坛时是位活神仙，死后不知有没有成为神仙。

英雄身后事

祖逖是个英雄,北伐中原,壮气慨然,血染沙场,英名镌刻青史。人多知祖逖身前事,身后家族的命运知之恐少。

想当年,祖逖举家百余口奔赴江东,众多族人均携家相随。因祖逖的豪气与卓越的组织才能,途中被家族推举为这支逃难队伍的"行长"。一过江,他便被已知其名的晋元帝封了官。他不愿安逸地当这个太平官，主动请缨返回中原杀敌，又举家返中原组织义军，战功卓著，浩气永存。

惜在死后，举家毁在一个弟弟的手上。这个弟弟名祖约，当初随祖逖过江，又与祖逖亲厚友善，也有些本事，可惜在"大义"这一点上，兄弟俩便泾渭分明了。祖约的妻子没有男孩，还性妒。祖约是妻管严，常常在外面睡。有一天他受伤了，怀疑是妻子害的，大概特别窝火吧，但又不敢向妻子发火，却要辞职不干了，这让人想不通，估计是性格偏执所致。元帝不同意他辞职，他干脆偷偷跑出去了，大臣谏议元帝处罚他，可能看在祖逖的面上，元帝又偏爱祖家，没有予以处罚。由于祖逖在前线的功劳，祖约渐渐官当得大了。后祖逖病逝，元帝干脆将祖逖的官职交给祖约，军队随之也归祖约管理。深为了解他的另一个异母兄弟祖纳不放心，向元帝谏议。元帝不听，当时人还认为两弟兄是异母所生，祖纳是出于妒嫉。

不料正让祖纳说准了，祖约带兵立了几次功，便伸手向皇上讨钱，讨不到，生怨恨，成天怀疑朝廷不信任他。太后派人来慰劳他，他见使者，"瞋目攘袂，非毁朝政"。苏峻造反，祖约随之附应，加上几个侄子也想作乱，忠贞的祖家便走上了叛逆之路。值得一提的是，祖逖的妻子尚深明大义，数次劝谏。许是那时女人当不了家，又是寡嫂言轻，说服不了这个有反骨的小叔子。

叛逆的苏峻攻陷了京师，封给远方的祖约大官，但只是昙花一现的伪官，虽然满足了虚荣心，但被人所不齿。义军进攻，他招架不了。有一次，要不是身边一个长得颇像他的部下替代了他，就被活捉了。想来那时也有"替身"之说。兵溃于尽，又去投靠与祖逖当初生死血战的石勒，且举家带口上百人，类似当年哥哥率领全家奔江东，只是那时是奔向正义，这次是非正义。

名声不好，连敌人也鄙视他。石勒对这位昔日劲敌的亲弟弟看不惯，晾在那里不接见。身边的人劝石勒杀了他，石勒动了杀机，通知要接见祖约和他全家。待祖约和众家人来，石勒称疾不来，算是祖约聪明，知这是场鸿门宴，自己末日来了，"大饮致醉"，走上断头台，陪葬的还有祖家数百口，估计也包括祖逖的妻小，惜哉。

算是天公有眼，也是积德的造化吧。祖逖生前曾对王安很好。后王安成了石勒手下的将军。杀祖家人这天，王安"多将以人于市观省",悄悄地救下祖逖10岁的儿子道重,藏到寺庙里,算是英雄祖逖没有中断香火。王安即著名的昆仑奴,生于异地,确有昆仑山一样的义薄云天,侠义肝胆。

"出师未捷身先死,长使英雄泪满襟。"这句杜甫赞诸葛亮的话感人至深,是诸葛武侯鞠躬尽瘁,死而后已的写照,也是祖逖收复中原,壮志未酬心境的写照。壮志未酬身先死倒也罢了,自己肝胆相照、日月可鉴的事业在死后被亲弟弟背叛,认敌为友,拜敌为父,还搭上举家性命,将祖氏门楣钉上历史的耻辱柱,这恐怕是祖逖最大的遗恨吧。诸葛亮的后人、岳飞的后人虽亦不幸,毕竟满门忠烈,往者回眸而不悔。祖逖呢?怕是悔到肠子里,痛苦、羞辱到骨髓里,在天之灵不安啊!聪明过人的祖逖当初为什么没看到弟弟的这一点呢?亲者迷眼,亲者误人。这一误,覆水难收,千古遗恨。

孙恩、卢循之死

发生在东晋末年的孙恩、卢循领导的这场农民起义,在中国农民起义史上占据重要地位。其实仔细看两人的出身、经历,是否确定为农民起义大可商榷。孙恩不是农民,其叔父官居太守,以道术与信教的当朝宰辅司马道子打得火热。卢循也不是农民,其祖上还当过司空这类大官。起义的动机,也不是逼上梁山,因孙恩的叔父孙泰,看天下大乱，晋室将终，趁机起事以成王业，事泄被杀，孙恩为叔父报仇才造反。卢循是孙恩的妹夫，扯亲惧祸跟着造了反。当然，起义的基本队伍可能是农民居多。

不过，这次起义搅局搅得确实很大。他们采取敌进我退、敌退我进、敌疲我打的战术，以海岛为大本营，由海上向陆地，由江流向内陆，打打逃逃，据府占县，将东南搅了几次底朝天。一度甚至威胁京都，杀多州府官吏，荡涤士族门阀，著名的王谢家族损失惨重。那位在淝水之战打败苻坚的名将谢琰死于战场，多位王、谢姓氏太守被杀，女诗人谢道韫的丈夫王凝之几乎被满门抄斩。

这次起义后来被崛起的军阀刘裕镇压下去，孙恩、卢循先后自杀。起义的过程没有水浒梁山泊的故事精彩。孙、卢两人的死，倒是有些特别。

孙恩是走投无路赴海自沉的。史载，"妖党及妓妾谓之水仙，投水从死者百数"。卢循也是陷于绝境自投于水。死前，先杀妻子十余人，又召众妓妾问："我要去死了，谁能与我同去？"多数人回答："雀鼠尚且贪生，与你同死太让人为难了。"也有少数的说："你都能死，我们愿同去死。"卢循便杀了不愿去死的，留下愿意死的，再自杀。

死前的场景是壮烈的,也是悲惨的,不同之处是两人的表现。孙恩不强使人去同死,卢循却用死考验人的忠诚。这是因两人的经历、性格、行为方式不同所致。

史载,孙恩鲁莽、粗暴。他以五斗米教起家,其叔父更是道术高人子恭的传人,估计孙恩也向叔父学了不少门道。他以道术糊弄人,哄人,有数百愿与他同死的女子,估计早被他洗了脑,以为他死了成仙去了,跟着成仙何乐而不为呢?史载,卢循是个读书人,善书法,会奕棋诸艺,打仗颇有计谋,会笼络人心,对事对人,讲究智算,临死前还要考验忠诚度。智术用谋,巫术用骗。比较起来,孙恩的巫术比卢循的智术要高明。这也许是因为当时的社会土壤和民众素质更信巫不信智吧。他的叔叔孙泰能用道术糊弄住官府,迷惑了当朝宰辅,何况这些弱女子呢?

孙恩叔父孙寿的师傅子恭有个还瓜刀的传说。他借人瓜刀,主人催还,子恭说会还的。主人去嘉兴,过湖,有鱼跳进船里,破鱼肚子,从中发现自己的刀。无独有偶,卢循部下徐道覆也有个用智的故事。徐当时为太守,考虑到日后造反需造船，造船要储备材料，又不能声张，便想出个储木于民的方略。他在山上砍伐许多木头，称要拉去外地卖，砍完后又说运不出去，低价在市场上卖，民众哄抢，有的人甚至卖地抵押衣物贱买木头。不久，徐举兵起义，按当时卖木头的契约，挨家索要，很快造了许多大船。

巫术之神，智算之智，两个故事都反映了这支起义队伍带兵者的狡黠，兴时而起，转战数年，摧枯拉朽也就不奇怪了。孙、卢两人之死反映巫术和智术虽有优劣，但互相补充，综合而用的，历朝历代仿佛都如此。如司马道子，兵进宫中，拿不出主意，只顾烧香求巫术，死也没死个明白。巫术和智术都是愚弄人的，均是争取非常手段控制人的大脑思维，为我所用。孙恩、卢循是这样，东晋的天子何尝不是这样呢？什么天命诏奉，万世长久，不过是更大的巫术和智术罢了。孙恩、卢循败了，死了，受人嗤笑，不过是窃钩者诛，东晋皇权是窃国者侯。当然，当日落西山，夕阳西下，皇权土崩瓦解之日，乖乖禅让，另一个弄巫术、智术的大窃者又粉墨登场，陪葬的，又何止几多女子？

前汉宫闱趣闻

推翻西晋政权的，是刘元海建立的汉，史称前汉。与西汉、东汉及以后的后汉相区别，实际上只是一个地方割据政权，历经刘元海、刘聪、刘曜三代，仅存27年。本属短命，但因沦陷京师洛阳，先后虏获西晋末代二帝，又带头称皇号，挑起中原大地和西南边陲诸侯割据，少数民族南下，纷纷称帝号，形成后来十六国136年的纷争局面，类似史上的春秋战国，故这又是一个具有转折、象征意义的政权。刘氏两代三人虽姓刘，但是匈奴人，是冒顿的后裔，汉高祖刘邦乃至以后对边陲主张和亲，真公主假公主外嫁单于，生出的儿子便冒姓刘氏，大概大汉威仪在盛朝的影响力确实很大吧。不过这一随母姓，反而为匈奴人的后代承续汉统提供了合法招牌。曹魏政权是从刘氏手中夺走的，司马氏政权又是从曹魏手中抢来的，在刘元海看来，推翻西晋，是权归刘氏，他名正言顺地以"汉"称国号，并从刘邦开始，三祖五宗配享祭庙，还近尊三国时被俘的安乐公刘禅为孝怀皇帝，意即继承了汉之血统，在政治上，不得不说是刘元海高明巧妙之处。

前汉的这三个皇帝，虽有大汉刘氏的正统招牌，也在中土饱染汉文化的儒风，但血性未变。因剽悍，打起仗来英勇；因鲁莽，杀起人来残忍；因粗野，不顾一切胡来的蛮习居多。本是趁"八王之乱"发迹，嗤笑司马氏父子残杀，兄弟阋墙，自己的兄弟、父子之间也杀戮多多，皇权的更替没有一次安宁平静。刘曜继位前，刘氏子弟被篡谋大臣几乎滥杀殆尽，最后也是在自相残杀中伤了元气，被更强、更野蛮的军事集团所战败、替代。故事有奇闻，路子仍是老一套，三个冒刘氏皇帝的宫闱之事倒值得说一说。

刘元海的后宫还不乱，大约他是开国皇帝，励精图治，顾不上享乐。先立妻呼延氏为皇后；呼延氏死，又立单氏为皇后。没多久，他便死了。他一死，这个单氏皇太后便引出了故事。刘元海的皇太子刘和控制不住局面，兵权在握的刘聪杀刘和自立。题外话，刘聪是刘元海的第四子，以后挑起"靖难"的朱棣也是朱元璋的第四子，继皇位疑点重重的雍正也是康熙的第四子，看来这个"四"是多些事的。刘聪当了皇帝，后汉宫闱便乱了。先是乱在太后单氏，史称"伪太后单氏姿色绝艳"，刘聪忍不住，"烝焉"。烝，是指儿子乱搞父亲的妻妾。父兄死，子弟全盘接收其妻妾，在匈奴是合法规矩。大概名义上刘氏继承的是大汉正统，而在汉人习俗里，这是大逆不道的。这一"烝"，便出了麻烦。首先是单氏的儿子刘乂不愿意了，责怪劝告他的母亲，单氏又羞又愧，恐怕又加上没有办法摆脱，死了。单氏死，刘聪很悲痛，后来知道是弟弟刘乂的不满造成，对刘乂产生了怨恨。本来这对兄弟关系很好，杀刘和议皇位时，刘聪开始极力主张刘乂为帝，后因众人劝告，刘乂坚持才作罢，许诺自己过世后由这位皇太弟继承。这样一来，刘必的日子便不好过了，刘聪不过看在死去单氏的面子，没有动他，但兄死弟继的许诺肯定泡了汤。最后还是太子弄阴谋，杀了他。

待到刘聪的皇后呼延氏死，刘聪便乱来起来，将太保刘殷的两个女儿纳为左右贵嫔，四个孙女纳为贵人，位置都在昭仪之上。好家伙，一下子便将刘家两代六女一起收进宫。"六刘之宠倾于后宫，聪稀复出外。"从此君王不早朝还罢了，大小事由黄门奏，"左贵嫔决之"，后宫名正言顺干政。他常常宴请被俘的晋怀帝摆摆谱，一高兴之下，将小刘贵人赐给怀帝。杀了怀帝后，又让小刘贵人返回宫，戴绿帽子也不在意。他对这个左贵嫔刘氏太爱了，专门要为她修个殿。大臣谏言力阻，谁谏言他就要杀谁，刘氏倒也明事理，亲自相劝才作罢。据说刘氏生产，竟然产下一蛇一兽，害人而走，跑到天下掉下的一块陨肉旁，这块肉会哭，一蛇一兽也哭，接着均不见踪影，刘氏也死了。《晋书》收罗了许多奇异怪事，此点也为史学所诟病质疑，姑且录之，以供笑趣。刘聪到中护军靳准家，又将靳家的两个女儿月光、月华纳为左右贵嫔，史称两女"皆国色"，靳准更获信任。正是这个靳准，后来里戳外捣，篡权谋位，杀尽刘氏宗族子弟。靳氏、刘氏都喜欢，怎么办？刘聪打破了皇宫只能有一个皇后的规矩，立靳氏两姐妹和尚存的刘氏三人为皇后，称上皇后、左皇后、右皇后。可上皇后靳氏不规矩，红杏出墙。有个叫陈元达的大臣告状，刘聪便废了她，靳氏惭羞而死，刘聪转过来又怀念靳氏的国色天香，恨告状的陈元达。这时的刘聪，彻底沉迷于声色犬马，"游宴后宫，或百日不出"，赏赐后宫之家动辄数千万之巨，政务全盘交与老丈人靳准和两三个大臣处理。后来干脆连朝贺也取消了，在后宫里开集市，与宫人"宴游"，"或三日不醒"。他还立了母亲的侍婢樊氏为上皇后。除四后外，佩皇后玺绶者有七人之多。后来又立中常侍王沈的养女为左皇后，中常侍宣怀的养女为中皇后。估计因变故，这两个皇后的位置产生了空缺。注意，这两位均为"养女"，是否大臣们掌握了刘聪的心思，以女易贵，亲女儿不足，收养女儿取媚？天不假年，他丢下这一大堆皇后、贵侍、昭仪归西天了。接位的儿子刘粲步他后尘，也去"烝"众多的庶母来。这四位皇太后年皆未满二十，"并国色也"，青春年少；又加上新皇帝年轻力壮，"晨夜烝淫于内"，连给父亲办丧事的心思都没有了。那个潜伏多年的刘聪老丈人靳准，大弄权术，先杀大臣，又杀刘粲，"刘氏男女无少长皆斩于东市"。姐妹宠后月光、月华的父亲靳准，大约心里的一口气憋得太久，或是长期在刘聪身边，目睹皇帝肆无忌惮的行为而助长了他的野心？

刘曜本是刘聪的养子，本没希望当皇帝的，但刘家人几乎被杀光了，因此在外带兵的他名正言顺承绪大统。许是少年漂泊、寄人篱下的经历磨砺了他，他不像刘聪那样荒淫放荡，后宫也规矩多了。三四位皇后，七位佩皇后玺绶的制度许是改过来了吧，再没有记载。刘曜立单氏为皇后，即那位曾被四废五立的痴儿晋惠帝的皇后羊氏，她是当俘虏时被刘曜作为战利品夺来的。

不知是因羊氏太有魅力，还是刘曜讲情义，刘曜对她，不是玩玩而已，而是痴心不改。她死后，刘曜又将对羊氏的情意移到她所生儿子身上，她儿子的太子地位一直没有动摇。这个先后在晋汉两朝为后的羊皇后，经历太富有传奇色彩了。在晋惠帝那里，废废立立，也没生出个一男半女，但在刘曜这里，却一连生下三个男孩，史载"内有特宠，外参朝政"。为何在晋惠帝那里，没见她有一言一行的记载呢？命运全由别人所摆弄。晋惠帝是个半痴儿，却前有贾南风、后有羊皇后这两位名女人，他在史上的明星地位算是奠定了。夫不风流，妻绝风流，风流的韵事前无古人，后也难有来者，奇哉！

羊皇后死后，刘曜立刘氏为皇后。刘氏又死，死前哭泣对刘曜言，她年少时由叔父扶养大，叔父对她情深意切，望死后刘曜对她叔父好些，并推荐叔父的女儿入宫。看来刘曜是重情义的，采纳了她的建议，立她叔父之女为皇后，又演绎了晋武帝立杨氏姐妹为后的故事。《晋书》再没有刘曜荒淫的记载，只载他有贪杯的毛病，在宫里大醉，在战场上也大醉，谁劝对谁发火。最后也败在酒上，出战前，"饮酒数斗"，不知为什么，骑的马无故"踞顿"，也许是他的酒气将马也熏得难受吧。换乘小马，还忘不了再"饮酒斗余"。败走逃跑时，"昏醉奔退"，马坠冰上被俘虏。老相识石勒还是优待他的，给他医创伤，还安排个小城住着，"给其妓妾，严兵围守"。允其接待旧臣，还可"留宴终日"，也少不了酒。估计临刑前还是醉熏熏的，毕竟行刑时犯人喝断头酒是千年未变的规矩。

俱往矣，短命的前汉和它的故事，包括史书真真假假的故事，都是故事了。

石勒的传奇人生

继刘元海之后,石勒称帝号为赵,自称赵天王。他的势力范围比刘氏的汉大很多,西部、中原大地,还包括起家的赵之土,正儿八经地在古都长安、洛阳建都。因是反王,在封建正统史学家眼里,为叛逆。笔者少时始知其人,只不过反贼的简单印象,但仔细查史,方发现此人不简单,应是少数民族中的佼佼者。他出身底层,贫到赤贫的地步，几乎饿死，自告奋勇让人贩卖以填饱肚子。在魏晋那个特别重视门阀等级的年代，贫寒之士要想爬到社会的高层，是难乎其难的。看晋的官吏，有几个真正是平民出身的呢？即便是十六国，开国之帝出身是下层百姓的仅石勒一人而已。这种人，唯有动乱给其提供机会，军功铺其上升阶梯，石勒走的也是这条路。他起于"八王之乱"，兴于中原纷争，渐渐坐大，自立山头，自称帝号。坎坷曲折的经历演绎了其传奇的人生。

史载，石勒为"上党武乡羯人"，"其先匈奴别部羌渠之胄"。父亲只是一名"部落小卒"，石勒14岁便"行贩洛阳"，"倚啸上东门"。大概是旁若无人边长啸边赏景，被贵宦王衍见了，很惊异，觉得这个人有异志，将来会有天下之患，便命人捉拿杀了。幸亏他离开早，躲过一劫。其父亲大概从小卒熬到可带几个兵，由于性格粗鲁，没威信，常常委托已长大的石勒帮着带兵。青年石勒显示出卓越的领导才能，深受部下爱戴。家乡发生大饥荒，带的兵也散了，他到雁门去投靠亲旧，有人想将他绑起来卖了，好心人藏起了他。他脱险后东奔西走，路遇乡邻郭敬，对其哭诉又饥又冷，郭敬便给他食品、衣物。为感恩,他给郭敬出主意:"这样下去会饿死的,像我这样的人很多,你不如召来,诱其去赵地找吃的,然后将我们卖了,你赚了钱我们活了命,两全其美。"郭敬答应了,便将哄来的这批人卖往山东从军。路上很苦,饥寒死者众多,但石勒活了下来,被卖给一家人做奴隶,后来被主人免去其奴隶身份,他便以相马为业。有一次差一点被游军捉去,一批突然跑出的鹿救了他。生活飘泊不定,他便邀集"八骑"上山当了强盗,后来增加到"十八骑",由此兴起,与李自成当初相似。

"八王之乱"发生时,各路诸侯纷纷招兵买马,石勒也带人下山,参加了军队,还当上了"前队督",认石为姓,起了石勒这个名字。第一仗便打败了,领导他的将军战死,他与一个叫汲桑的人逃亡。后召集一批牧人掠郡县,打开监狱,放出犯人。他聚集山泽亡命之徒,兴起了一支队伍,虽打了一些胜仗,最终还是败了,走投无路,想投刘元海。投刘的动机也很特别,不是因为刘势力大,而是看到刘控制不住各部落,他要借这个机会到刘那里去拉队伍。

在刘元海那里,石勒渐渐显露头角,军功越来越大,地位也越来越高，被授予大将军，封王封公，但他却辞公不受。经过多次战斗，石勒的部队已有相当的战斗力，东海王越率领二十万的队伍与之战，也大败。攻占许昌，又与刘曜、王弥一起攻陷洛阳，俘获斩杀了几十位王公王孙，西晋算是亡了。石勒在攻陷洛阳后的表现值得称道。他让功于刘曜、王弥，主动退兵至许昌，显示出他的政治机谋。因功被封为征东大将军，"固辞不受"。如此小心，还是引起另一位大将军王弥的嫉恨。石勒一不做，二不休，出其不意杀了王弥，吞并了王弥的军队。这回刘聪封其为大将军、并州刺史，封汲郡公，石勒都接受了，在汉政权的军事实力中，已是仅次刘聪。

石勒不是个头脑简单的武夫，他还善纵横之策。刘琨写信劝降，他拒绝，但厚待来使，赠刘琨重礼；与祖逖对垒，不毁祖逖祖坟，反而隆重修缮，还安排两家人看管坟地，使祖逖很感动；参与晋师讨伐的鲜卑军队被石勒击溃，鲜卑王子被俘，部下建议杀了，石勒不同意，认为"杀一人，结怨一国"，反而让从弟石季龙与王子结拜，礼送回乡；利用刘琨与王浚的矛盾，斩杀王浚，稳住刘琨，最后击败刘琨。当刘聪生病时，诏令石勒入朝辅政，石勒拒绝，他知朝中形势复杂，蹚浑水，不如在外军权在握，静以观变。果不然，刘聪死后，朝中生乱，石勒以为先主报仇之名，出兵靖难，在打打谈谈的过程中，又与继位的刘曜推起太极拳。渐渐两人翻了脸，自立门户，建立赵国，与刘氏的汉开演了楚汉相争的大戏。最后以石勒的完胜落幕。

搅起乱局的晋室八王没做成的事，石勒做成了；孙恩、卢循没做成的事，石勒也做成了。这完全是个白手起家的流浪儿成就帝王梦的故事。在他的人生经历中，没有哪一个环节是按剧本演绎的，但偏偏命运成就了他。助推他的，有个关键的人物——张宝，是石勒的主要谋士。史载，张宝未出山时，自比张良，恨不逢汉高祖，大乱中遍观天下豪杰，说："吾历观诸将多矣，独胡将军可与共成大事。"胡将军，即将军石勒。他不待三顾之请，提剑军门，大呼请见，为谋主后，"机不虚发，算无遗策"，成石勒的诸葛亮、张子房。那个神奇的印度和尚图澄，选中石勒相辅，想来也不是偶然的。称帝后的石勒，同样也摆脱不了曹魏、司马晋室的命运，继位后的儿子同样被叔父逼迫，演出了一场禅让的闹剧。子嗣、族侄、皇后、亲故也摆脱不了被杀戮的命运，只是他一手创建的赵国仍姓石，可石姓又从哪儿来的呢？石勒当年指石为姓，也是虚构的呀！几乎如那个从石缝中崩出的孙行者一样，江中一石微露，偶秀峥嵘人生。

石勒的治国和为人之道

石勒在当时人眼里,"胡人而为名臣者实有之,帝王则未之有也"。石勒偏偏立赵,称天王,实际为土皇帝,打破了这一世俗偏见。一般人认为,少数民族统军为帅勇豪,称帝治国多武少文,游牧民族部落式的王国统治往往残暴、血腥,少章法,欠礼制。但石勒在治理赵时却多中原之风,马上天下不失儒道文德。史载他的一些话多引经据典,总结圣君圣贤治国牧民之语。这虽有史官的修饰,基本内容估计还是出自他口,可见这位出身贫贱的武夫,后来还是注意读书研史的。比较起来,赵的治理应当比刘汉要好,他的一些做法,甚至比制度健全的西晋、东晋末期还要有儒风法制。

闯荡江湖、戎马生涯的经历,加上其血性,使他难免有武夫的粗野、鲁莽和狂躁,但他不固执,还算善纳谏。每次大战、决定大事前,他都放手让文官武将议论,水火不相容的对立意见都可发表,他从中选择合理者行之。有时谏言戳到他的痛处,他也暴跳如雷,声言杀人,有人相劝,马上改过,人抓起来了,马上放人,然后对受处罚的人重赏慰问。这样的记载比比皆是。他还下书规定,如有军国要务,立即上呈,无论"寒暑昏夜"。这与刘汉的百日不朝、醉酒误事形成鲜明对比。

他重教,重文。刚自立门户,他便增设宣文、宣教、崇儒、崇训十余所学校,选择百余名子弟入学受教,并设专门的机构管理,保证经费开支。他时常亲观大小学,亲自考核学生的学习状况,对优秀的学生给予奖赏。巡行州郡时,他常引见高年、孝悌、力田、文学之士,赐谷帛慰问。他还下书令公卿百僚每年推荐贤良、方正、直言、秀异、至孝、廉清各一人,通过答策合格,上者拜议郎,中者拜中郎,下者拜郎中。命国立学官,每郡设博士祭酒二人,弟子一百五十人,三考修成,显升台府。在科举制度尚未实行的当时,由此纳贤的门路广开。他还重视修志,刚立国,便分别安排专人主修《上党国记》《大将军起居注》《大单于志》等。我猜石勒的载传记事细,褒扬多,也与他的做法有关。他本人尤爱读史,史称"勒雅好文学,虽在军旅,常令儒生读史书而听之,每以其意论古帝王善恶"。对石勒这样的人来说,做到这些确实不容易。

在国家治理上,石勒注重研究,适时推出一些政策,针对大乱之后,"律令滋烦"不易执行的现实,令臣属采集律令之要造《辛亥制度》五千文,施行十余岁。为融合多民族,严令"不得侮易衣冠华族,号胡为国人"。改变州郡凡非正式祠堂均禁止的做法,凡对百姓有利的,能够兴云济雨的,官府要立祠堂,植嘉树,安排专人管理。民间有人一胎生了四个孩子,他下令赐乳婢一名、谷一百担、杂彩四十匹奖励。此外,还安排劝农官员,分赴各地劝耕农桑。

他重旧情，对自己的地位看得也较明白。多年前救己卖己的人贩子郭敬，在俘虏队伍里出现时，他马上相认，封官报恩。宴请家乡父老乡亲叙旧时，他发现一个当年跟他打过架的邻居不敢来，于是说："这是个壮士，怎么不来呢？我连这点肚量都没有，还治理什么天下？"马上召来，笑语相戏，还给官做。他与部下谈笑，问部下自己在开国之君中是个什么位置，部下吹捧他超过刘邦、曹操，是仅次于轩辕一类的人物。他头脑清醒，说："人有自知之明，你们不要将我抬得这么高，我要是遇到汉高祖，只能当个诸侯，不过是韩信、彭越之类；大丈夫行事光明磊落，如日月皎然，也不能与曹孟德比，要是遇到光武帝，还可比试比试逐鹿中原，哪能与轩辕这样的圣者比呢？""二刘"之间的定位虽还有夸大，但可见他还是有所节制的，没有头脑膨胀，发了昏。

在驭下上，他恩威并重，赏罚分明，但也有些过错。他发现一个老官员，衣服穿得破旧，调查知是廉吏，重赏，以树榜样。有一次夜巡，他发现一个侍卫官醉酒误事，贬至他处；再见到时，看其有怨气，便不客气地杀了。他的姐夫与将士赌钱，他在旁观看，大概这个姐夫玩尽兴了，对他出言不逊，便立即杀了。张良似的谋士张宝，功高官至丞相一类，被人告了黑状，被他晾到一边，借故杀其身边人以震慑，但没杀张宝，使其善终，死后还常惦念。从弟石季龙功高权重，身边人劝他生前予以处置，以防身后尾大不掉，他一直没听劝谏。几十年间，他确实没有因猜忌诛杀功臣的记载，这也是难得的。

石勒转战26年，袭帝位15年，最后60岁去世。太子石弘儒雅文思，大概与他有意培养有关，可惜在诸侯纷争的动乱年代，哪容得了温良恭俭的文治？又有个军权在握、虎狼般的叔叔。石勒一归天，皇权旁落，石弘成了明朝的建文帝，命运比建文帝还悲惨，22岁便被杀了。这也许是石勒留下的人生遗恨吧。君子之泽，三世而斩。连二世都没到头，早知如此，何必当初呢？

石季龙王朝的荒淫残暴

石勒豪杰一世,鞍马劳顿几十年,荡平大半个中国,立赵建国,自称赵天王,在位15年,传位于太子石弘。石弘当了两年的傀儡天王,便被石季龙废了。石季龙自奉赵大天王,开启了另一个时代,统治也是15年。

石季龙为人残暴凶狠,他统治的时期,史书多贬。这位与石勒共同打天下的弟弟,并不是石勒的亲弟弟,而是石勒父亲的养子。他从小便失散，17岁时，方才与石勒相聚。史称其"性残暴，好驰猎，淫荡无度"。石勒本来看不上他，甚至一度想杀了他，只是被石勒的母亲劝止了，还打比方说，快牛在为牛犊子时，坏本是常事，忍一忍长大便好了。谁知这个确是快牛的牛犊子，大了也没改性，反而随着地位、军功、权利的积累与升高，残暴之性愈发浓烈，不仅在战场上乱杀、滥杀，不如意连妻子也杀，相好也杀。虽然惮于石勒的威严，在石勒生前不敢怎么放肆，但不满的种子在心中扎下了根，集中爆发在石勒立儿子为大单于时，他"深恨之"，私下对儿子说："成大赵之业者，我也。大单于不授予我，而是授予'黄吻婢儿'，待等主上晏驾之后，我要让他连种都不留。"石勒身边的大臣也看出了这一点，劝石勒早收拾了他，以给太子继位扫清隐患。不知为何，明智一世的石勒却手软了，乃至以后江山毁于一旦，子孙见杀，几乎绝种。

石季龙篡赵，确实够狠。石勒刚一咽气，石季龙便将元老旧臣统统排挤赋闲，由他身边人占据要津；杀掉曾劝谏石勒防范他的两位重臣；将石勒的宫中美人、车马、珍宝、服御全盘接受；抓住石勒皇后刘氏对其不满的把柄，立即格杀;对有异常行为者,"炙而杀之"。

明智的小皇帝石弘主动提出禅让,他反而不领情,认为:"天下自当为议,哪是你说的?"干脆入宫逼其交皇玺、印绶,不解恨,还将其杀死。一朝权在手,荒淫、残暴没了束缚,他与几个儿子花样翻新地玩,且玩得具有独创性。殷时商纣王有酒池肉林之说;明朝有豹房之议;武则天时酷吏周兴;来俊臣有"请君入瓮"之语,但这些比起石季龙父子来,怕是逊色多了。

石季龙好游猎,体重不能骑马,造猎车千乘。车辕长三丈,高一丈;猎兽车四十乘,立三级行楼二层于其上。出猎时,浩浩荡荡,有专门的御史官监察,触犯猎兽者一律斩杀。这些监察官借机敲诈勒索,强占民女,稍有忤逆,便以伤兽罪处罚。他不仅自己广纳宫女,还惠及众诸侯。在宫中增设女官二十四等,东宫十二等,七十余国诸侯置九等,招纳百姓20岁以下、13岁以上少女三万余人。他的几个儿子也趁机纳民女,仅后来又立的太子石宣就私纳一万余人。送来的女子,石季龙亲自过目选,高兴了,将选美的十二位使者一律封列侯。他出行时,以一千名女子为仪仗队,一律紫纶巾、艳锦袍、金银缕带、五纹织成靴子，纷呈灿丽，光耀闪闪。

太子游猎，乘大辂、羽葆、华盖，建天子旌旗，十六军队伍相伴，戎卒十八万人。石季龙很高兴，领后宫妃嫔在宫殿观看其壮观场面，对她们说："我们父子这样，天崩地裂又何怕？放心抱子弄孙颐养天年吧。"为表一视同仁，石季龙让其他的儿子也这样摆排场。儿子出宫后，所在行宫方圆百里为狩猎区，将猎物驱赶至一处，劲旅百骑驰射，夜以继日，点烛尽欢。由于带出的队伍众多，估计后勤跟不上，士卒饥冻死者万有余。

太子石宣与石季龙的另一个儿子石韬争锋。石韬修大堂，用九丈木头为梁；石宣不快活，派人将工匠杀了，大梁锯了；石韬又换上十丈长的木头为梁。最后两人闹到水火不相容，太子派人暗杀了石韬，并谋划趁父亲来吊丧，囚禁父亲，夺取王位。其阴谋被发现，石季龙暴怒。他在惩罚儿子时，也极残暴，且花样翻新。太子的妻子和宫人也不例外，杀其妻子等九人。有个小孙子，石季龙平时很爱他，被抱在怀里时还哭求："我有什么罪呀？"他也不饶恕，抱在怀里便将其杀了。诛杀太子宫中四百余人，宦官五十人，并车裂，弃之漳水。将东宫废为养猪牛的场所，东宫卫士十几万人被发配凉州。后来这十几万精锐在流放途中，实在不堪忍受，发动了一场流戍起义，费了很大劲，才镇压下去。

石季龙家族这种荒淫残暴的行径之狠，之多，可谓罄竹难书。人在做，天在看。石季龙死后，儿子们互相残杀，中原大乱。太子石世继位33天，被石遵所杀；石遵登位183天，又为石鉴所杀；石鉴登位103天，又被石闵所杀。这次石季龙的后裔遭受毁灭性打击，其38个孙子尽被杀。石季龙共有13个儿子，兄弟互相残害死了8个，剩余的5个这次几乎一网打尽，只有一个叫石混的小儿子，跑到东晋去了。东晋政权也不饶他，斩其于京都建康。至此，石季龙一族绝了后。题外话：石季龙死后，也未安宁，后鲜卑慕容氏占领中原，称帝的慕容儁梦见死去的石季龙齿啮其臂，醒来大怒，命掘其墓，剖棺出尸，踢骂，鞭打，弃于溪水，与其当年处置的太子于漳河水下相会了。

杀石季龙一家的石闵，不是石季龙的一脉血统。其本姓冉，汉族，父亲冉良12岁时，被石勒命石季龙养育。虽然石季龙生前待他如亲孙子，但他杀起石氏来并不手软。他夺权后，恢复了冉姓，并改国号为"大魏"，追尊冉氏祖上三代为帝，为后，为王，已没有石季龙乃至石氏宗族的份了，赵之政权，亡了。星散各地的石氏宗族也扑腾了一阵子，有继赵号为王的，很快便败了。大魏政权后来亡于鲜卑之手。改名冉闵的大魏皇帝，被慕容氏俘虏送到龙城，即今天的黑龙江，斩首。据说被杀时的那座山，"七里草木悉枯，蝗虫大起，五月不雨"，慕容氏遣使祭祀，谥号"武悼天王"，其日大雪。天公也惦记他诛杀残暴石季龙家族的一功吧。

杀人狂苻生

鲁迅在《狂人日记》中借狂人之口,揭示了封建礼教"吃人"本质。"吃人"的引申之义是杀人。夺权篡位、改朝换代、军事纷争、政治角力,杀人是不可免的,杀多了,便成滥杀。晋史乱,乱因杀人多,因乱杀人更多。生活在那个时代的人,是够倒霉的,稍不留心,脑袋便掉了,甚至留心也没用,没准平白无故天上掉下一桩祸事,便被砍头了。我曾研究刘备后代的结果：后主刘禅入晋做俘虏，老老实实，规规矩矩，本想享受安乐公的安乐，连子带孙几十口人举家迁来，在晋武帝时过了几年快活日子，但"八王之乱"时，几乎举家殆亡，只跑出一个小侄孙，他可没招谁惹谁，纯属被滥杀的无辜，连谁杀的都没留下记载。引爆"八王之乱"的赵王伦和石赵政权的石季龙是晋史中杀人较多的人，且滥杀，随性杀。再往后看，以下两位怕是谁也望尘莫及。苻生是前秦的第二位帝王。祖父苻洪、父亲苻健开创了前秦的基业。待传到他手上，差一点被他的滥杀败掉了。他杀人之滥、之狠、之随意，都可用"狂"来解，几乎是狂到前无古人，后惊来者的地步。

苻生的狂狠，可以用从小看大，三岁知老来观察。史载，"幼而无赖"，连爷爷苻洪都看不惯。有父亲讨厌儿子的，爷爷对孙子讨厌至极不多见，俗语说"隔代亲"。讨厌到什么地步呢？要杀他！也难怪，看他小时候的故事，谁都会心发凉，何况是帝王之家呢？苻生天生只有一只眼睛，是个独眼龙。爷爷苻洪跟他开玩笑："我们说瞎儿哭，只有一眼流泪，是吗？"这本是爷孙之间的戏语，以显亲昵。但还是儿童的苻生便受不了,马上拔出佩刀,在臂上刺出血来,说:"这也是一泪!"弄得身为帝王的爷爷大惊,鞭挞他,苻生也不怕,说:"我能耐刀砍,不堪鞭捶。"是抗议吧。气得苻洪说要卖他为奴,苻生梗着头,针锋相对:"为奴就去做石勒。"石勒小时候被卖为奴,造反后建赵。那时说这话是犯忌讳的,吓得苻洪马上捂住他的口。苻洪对儿子苻健说:"这孩子太狂悖,应早除掉,不然将来会祸家的。"苻健本也想杀掉儿子,但后来有人劝,估计也不忍,便留下了这个"熊儿子"。

苻生是苻健的第三个儿子,接班本没他的份,本是立长子苻苌为皇太子的。不料苻苌中途战死了,轮到苻生(二儿子是谁?没查出,许是早夭,或是庶出),天让这个杀人狂来世上表演一番。有个将军战死了,儿子还未来得及封号时,老皇帝死了。将军的夫人在苻生出游时拉住上书。这上访也是合理的,封不封也算了,苻生却大怒,将这夫人"射杀之"。大臣们想劝他,借天文星相上谏,劝其修德,说星相上帝星初对角的星相克,三年内有大祸。苻生联想丰富,对角的只会是皇后,便杀了皇后。后又想到太傅、尚书令、仆射、丞相等,都杀了,老婆孩子一起杀，丞相的9个儿子、27个孙子都一起杀了。

杀上瘾了，刹不住。为杀人方便，"常弯弓露刃以见朝臣，降发锤钳锯凿备置左右"。杀司空时，苻生还在太极殿宴请群臣观看，亲自放喉高歌，兴致来了，命尚书令去劝酒，嫌劝酒不力，引弓射杀之。吓得百僚不管会喝不会喝，大杯斟满，全干杯，"昏醉污服，失冠蓬头僵仆"，苻生乐了。

因进谏而被杀的人更多。杀的方法还残忍，"杀之，刳而出其心"，"凿其顶而杀之"。他的舅舅稍微劝了劝，也杀，母亲求情也没用，"忧愤而死"。有时杀人简直是恶作剧，入阿房宫，看到兄妹同行，逼其非礼戏交，不同意，杀；宴请群臣，来迟者，杀；令太医配安胎药，问人参到底有无作用，太医答："虽小小不具，自可堪用。"苻生怀疑太医是讥讽他只有一只眼睛，凿出太医的眼睛，杀；提意见者，杀；说好话吹捧他，他认为是媚言惑君，杀；向他告状，密报某大臣不忠，或献媚，告者与被告者一齐杀；后宫女人伺候稍有怠慢，杀；梦中见有妨自己联想附会，附会到谁，谁倒霉，杀；因是独眼，有些字是犯忌讳的，如"不足、不具、少、无、缺、伤、列、毁、偏、只"等，说到这些字者，格杀勿论，因此死者众多。杀的方法残忍之极，花样翻新，"截胫、刳胎、拉臂、锯颈者动有千数"。

结果是，"宗室、勋旧、亲戚、忠良杀害略尽"。在位的王公大臣纷纷请病告归，人人危惧。民传："百里望空城，郁郁何青青？瞎儿不知法，仰不见天星。"有个他信任的大臣，担心惹祸，求外放，苻生不准，重用为中军，直接负责他的保卫任务。该大臣不因重用而高兴，而是怕，于是回家自杀了。

正因他滥杀，随性杀，也引来杀身之祸。有一天晚上他对宠婢说："兄弟苻法对我不利，明天去杀他。"不料这个婢女偷偷告诉了苻法。苻法被逼无奈，只好拼死一搏，带领上百家丁政变。另一个弟弟苻坚听说了，也带上人去响应。抓住苻生，先贬为越王，又将他杀了。苻生临死前倒也不害怕，"犹饮酒数斗，昏醉无所知矣"，再狂了一把。他死时才23岁，在位仅两年，死后谥为"厉王"，倒也贴切。

在淝水之战中打了败仗的苻坚继苻生之后，走上了前秦历史的前台。

崇诗的武夫苻坚

　　从淝水之战知苻坚为鲁莽的武夫，投鞭断流，草木皆兵，给人的印象是一介狂妄无脑之徒。史上的苻坚是以武起家，且尚武蛮霸，但他又习书拜礼，尊儒变风，用儒生，办学校，伸张仁义。特别值得注意的是，他还习诗，熟诗，好诗，这便为人少知了。诗歌是浪漫主义的产物，崇诗的人都有几分理想主义色彩的思维，苻坚是否也有呢？从他的成功到失败的经历，许可看出一些。

苻坚是前秦的第四代国君，出生便有神话般的诗意，背有赤纹，隐起成字，字且清晰："草付臣又土王咸阳。"预示要在咸阳称王，这比刘邦臂上有长串黑痣要说得明白。兄弟登位无道，发动政变，推其兄苻法上位，法不敢，自己登大位，不久又听母亲言，担心苻法本事太大，杀了他。杀就杀吧，这种事不奇怪，奇怪的是，与苻法诀别"恸哭呕血"，说是虚伪也行，但虚伪到呕血，这是装不来的。我猜是作为政治家的苻坚与喜诗的苻坚，两种矛盾心理的真实流露吧。

他也曾"亲耕籍田"，妻"亲蚕于近郊"，"行饮至之礼，歌劳止之诗"。与群臣欢聚，奏乐赋诗，有时还让众大臣赛诗，他亲自评点，优者有赏。匈奴人送来千里马，他学汉文帝退马，也为防侈靡之风，还让群臣作《止马诗》，以此事歌功颂德，史载"献诗者四百余人"。不知那时苻坚手下的大臣是否都要学会写诗。

他不仅让群臣写诗，还亲自解诗。有一次召集群臣奏乐赋诗，有个大臣诗中有"丁"字，"直而不曲"，苻坚不明白，问是什么原因。是不是这位大臣在诗中赞颂

"丁"（通钉）的直而不曲？还是诗中用"丁"字在那时犯忌讳？这位大臣答："臣丁至刚，不可以屈，则曲下者不正之物，未足献也。"于是苻坚说"名不虚行"，便将这诗评为第一名。此诗以"丁"字作为题目，还是以"丁"自比署名呢？反正可看出苻坚对诗的执着、认真。他送苻融出征，至郊外，不是临行送弟一碗酒，而是"奏乐赋诗"，以壮行色。至于他在下诏令，与群臣对答时，毛注《诗经》随手拈来，冲口而出的记载比比皆是。我想不会全是史官加工的，他是熟读、熟记，并且能活学活用《诗经》中诗句的。

学儒之人背毛注《诗经》是基本功，但他用得这么多，这么尊重，几乎成为他治军治国的圣经，这与他本性中对诗的崇拜分不开。他不仅形式上重视，处理一些问题时，往往也表现出几分诗人的浪漫。比如，出外征战，路过祖坟去拜，附近乡亲围来述说祖上的一些荣耀事，"泣然流涕"，一激动，不走了，住一宿，全不顾性命危险和延误战机；敌将阵营中有位将军的儿子擒来父亲投降，按说有功，苻坚认为此儿子不知礼，也没因此杀他，而是送去大学习礼；有位护军犯了错误，苻坚将其贬为白衣，以白衣之身仍率领护军，丝毫不顾忌他还有无威信，有没有怨气。这样的事例很多。反叛的慕容冲曾是苻坚的男宠。其叛坚后率兵伐坚，两军对垒，苻坚似乎尚念着昔日断袖之情，派人送慕容冲红袍一领，成为笑柄。

艺术气质和政治气质从根子上是相悖的。艺术尚理想，政治尚现实；艺术需激情，政治需理智。鲁迅先生在《文艺与政治的歧途》一文中，阐述艺术家往往不满现状，政治家往往维持现状，说得很精辟。两者气质归于一身，跳好双人探戈很不容易。古代诗人当官的，一帆风顺的很少。著名的南唐后主李煜和宋徽宗最后都成亡国之君。苻坚不是诗人，没见他有什么诗作传世，但他对诗的崇敬，对作诗的倡导，反映出他的诗歌情怀。正因如此，他作为诗人的激情来时，会做许多好事，如闻过即改、体恤孤寡、优待俘虏等，许多大臣也摸透了他的心思，劝谏往往引用诗句，效果很不错。而他犯的错误，许是也与这种诗人气质有关。淝水大战失败，败在鲜卑降将、降卒的逃窜，被俘晋官员朱序的出卖，而鲜卑将领和朱序，都是苻坚一念之下予以重用的。大概他太相信以德感人和以礼化人了。

在战略上,他确实犯了几个诗人气质般的错误。比如灭燕后,他将鲜卑人大批迁入关中;分封苻姓子弟去燕地,还让被俘的鲜卑大将手握重兵;燕国的皇帝不杀,反而优待,在自己眼皮子底下自由活动。当时便有人劝,这些鲜卑人是心腹之患,事急则变,遇有事,兄弟们远水不解近渴。他不听,后果然败在这些方面。征西域三十六国胜利;经营关中及西部,别人很难挑战,他却穷兵黩武,问鼎中原,并企图推翻东晋政权,统一中国,以成霸业,谁劝也没用。促使他的是"啸咤则五岳摧覆,呼吸则江海绝流"。统一中国指日可待,"然后回驾岱宗,告成封禅,起白云于中坛,受万岁于中岳"。这是何等豪迈的志向!最后淝水之战将这种诗人的浪漫主义理想碾得粉碎,国破人亡,落得个凄凄惨惨戚戚。

苻坚去矣,不足惜,惜在历史的烟尘掩盖了他具有诗歌浪漫的一面,谁让他述而不著呢?看李煜,尚留世"一江春水向东流"。

望气善对看顾荣

看小说《三国演义》对诸葛亮舌战群儒那一段印象尤其深刻。其中诘问诸葛亮的有个叫顾雍的人,在诸葛亮面前喏喏而败。这是小说家言,其实历史上真实的顾雍为江东才杰。孙权选丞相,张昭都没选,而选顾雍,东吴稳定,其功不可没。东吴亡于晋后,周瑜、吕蒙、鲁肃的后人不见于史,陆逊、顾雍、甘宁等的后人闪烁显辉,其中顾荣，尤为可书。

顾荣是顾雍的孙子。吴亡后，其与陆机、陆云兄弟同去洛阳，世称"三俊"。惜陆机、陆云身死族灭，唯顾荣波澜不惊，全身而保，死亦殊荣。其中的奥妙，并不是顾荣之文韬武略比二陆高明，而是他远见明识，望气善对。

老子论道谈气，史书不乏"龙兴生气，祥云有气"之类的记载。拔开神话的迷雾，这气许是存在的，并不是自然界云蒸霞蔚之气，而是时气、人气。时气是环境，人气是群情，故现代也有人处"气场"之说。堪舆学谈地理的气场；医学谈生理的气场；社会学谈人际关系的气场。这气场，即指人所处环境如何，人与人之间关系如何。气场优劣，可能决定人的成败，气场不佳，再努力也白费，甚至出力越多，结局越惨。气场可以创，但个人的能力改变一个气场难，明识者尽所能改变气场的小环境，而顺应无力改变的大环境。这顺应，不仅在配合一面，还有选择、逃离的一面。观陆机、陆云的失败，重视尽才，忽略望气，气场不顺，不知退舍，胡乱折腾，终至惨败。同称为俊杰的顾荣，在这方面则高明多了。

顾荣仕晋，初为郎中，又拜尚书郎、太子中舍人、廷尉正，实权不小，且东宫如接班，前程似锦，顾荣却不得意，不尽力，"恒纵酒酣畅"，与友人说："惟酒可以忘忧。"他为何以醉度日？有何忧？这是他望气后的对策：贾后擅权，太子之气并无祥云，未来不可测，当然有忧，有忧又无可奈何，只得以醉应对。后来证明，船翻了，衣履不湿，太子被废，他毫发未损。

赵王伦诛淮南王允，收允的下属付廷尉，顾荣负责审。这正是痛打落水狗，向权倾一时的赵王伦献媚的好机会。顾荣却对这些犯人"平心处当，多所全宥"。不久，顾荣又担任了赵王伦儿子的长史，进入当权者的核心圈，顾荣也未忘乎所以，相反，对下人都极谦恭。一次宴会时，他看烤肉的下人看着烤肉流口水，马上取一串烤肉让这人吃，旁边人不解，顾荣说："哪有终日烤肉而不知其味的呢？"后来赵王伦败，他也被抓，没想到这个烤肉的下人担任督军，救了他。

上台的齐王冏又重用顾荣，让他担任自己的主簿，"荣惧及祸，终日昏酣，不综府事"。调离了这个岗位，他马上便不饮酒了。有人问他："为何以前那么醉酒，现在不饮酒了？"他担心话传到齐王冏那里去，只得又醉酒，私下对友人说："我当齐王主簿时，成天提心吊胆，见到刀和绳子，都想自杀。"为何发达时这样惧祸？望齐王冏的气不吉也，危邦莫入，危楼莫依，以酒醉应对罢了。

以后诸王轮番上台，均委以顾荣不小的官，但顾荣越看西晋中央政权的气越不顺，找个机会离开了，回归江东，还劝陆机、陆云同回。二陆不解，仍是雄心勃勃地为气数将终的西晋王朝效力，最后身败名裂。顾荣归江途中，路遇一个叫陈敏的军阀留下他为官。相处一段，发现此人也不行，遂"轻舟而还"。直到司马睿镇江东，东晋立国，顾荣大概看到其气吉祥，尽心竭力辅佐元帝，"凡所谋划，皆以咨焉"。顾荣也不醉酒了，也不荒政了，善终在任上，死后追封为公。同为"三俊"的二陆这时早已灰飞烟灭，抱恨终生了。

三国中"良禽择木而栖"这句话道出封建政治下，士大夫择主而从的现实，指的是选人"气"；诸葛亮未出茅庐而知三分天下，隆中对时势现状和走向的分析，谈的是势"气"。不知人"气"，不观"势"气，空有满腔抱负，一身才艺，也枉然。孔明那样的大才可待三顾茅庐，一般的人随波逐流，可供人生选择的气场是有限的，特别是晋"八王之乱"之时，弄不好被动乱的车轮无辜碾压，选不准便随车毁人亡殉葬，望气善动便成为保身立命，甚而建功立业的决定性因素。顾荣文章不及二陆，没见有什么名文传世；武略不及二陆，未见顾荣战场有什么功勋，佐元帝时，有几篇谏文留世，也不见有何惊天奇计，但在理智地判断形势、清醒地看待人事的吉凶走向这一点，远远超过了二陆，也超过同时众多牺牲者。功成名就，善终而荣。乱世中有这种结局，可谓大智慧也。

乱世奇女

《晋书》中的《列女传》,本无心翻看,猜想不过是女子守节、殉节之类的故事,但略翻这一部分,超出了我的预想。这里被标青史牌坊的女子,还真不是三从四德之类女子,大都为烈女、智女、豪女之事载。想来在宋理学未出现的年代,史官搜罗女子事迹,恐有另一标准。几十位女子,有皇后、贵人、达宦人家的女子,也有平民百姓，其见识，其行为，可说不让须眉。耳边响起常香玉的铿锵豫剧唱段《谁说女子不如男》，音心相应，拍案称奇。试举几例。

羊耽的妻子辛氏，名宪英者，其父亲是魏时的侍中，大约与曹丕很熟。曹丕得知自己已被立为太子，高兴得抱着辛宪英父亲的脖子笑，说："你知道我多么高兴吗？"她的父亲回家将这事说给女儿听，辛宪英说了大致这样的话："一国之君责任重大，担当这个责任应当感到畏惧，当太子时应当感到恐慌，不畏惧不恐慌而兴高采烈，魏国不会昌盛的。"曹丕后来倒是善终，魏却一天不如一天。这位深闺养大的官宦之女，有如此见识，确实难得。许是有识见，家中男人遇大事，反而找她拿主意。司马懿关闭城门，与曹爽对峙，曹爽部下带信给辛宪英的弟弟，出城去助曹爽，她弟弟没了主意，找姐姐。辛宪英说："看来司马懿的计划是诛曹爽，两人都是顾命大臣，曹爽专权，朝政不稳，形势不明朗，你还是从众吧，不要去冒尖。"弟弟听了她的话，待司马懿杀了曹爽，安稳无事。更奇的是，钟会伐蜀，她的侄儿也得同去，走前请教，辛宪英分析了钟会的为人，认为凶多吉少，便让侄儿请辞，但司马昭不准许，只好交待他，出征后，要明大义，"至节于国"。后来钟会反，侄儿牢记姑姑的话，没参与钟会的叛乱，安然而归。为感谢姑姑，送给她一床蜀锦被，她嫌太绚丽，反面而盖。其识见卓远，见微知著，堪称女中诸葛。

京官杜有道的妻子严氏，青春守寡，将一对儿女养大。当时有个叫傅玄的，向她女儿求婚，严氏答应了，亲朋好友都劝阻，说傅玄的日子很不好过，宠臣何晏、邓飏掌大权，傅玄与他们不对付。严氏却说："你们只知其一，不知其二，现在何邓荣宠至极，但骄侈必败，司马懿这个太傅在'兽睡'哩！"好一个"兽睡"，老虎在睡觉，醒来会吃人的。曹爽与何、邓之流没发现司马懿的阴谋，一个半老太太却发现了，你说厉害不厉害？她还有个叔伯兄弟，在外当刺史，被诬贬职很沮丧，她写信安慰他，用"忍辱至三公"之语相送，这兄弟听姐姐的话，忍耐了一时之辱，后发达。能从发展中看到形势的变化，其见识超出朝堂大员。

陶侃的母亲湛氏，也是个了不起的母亲。她是贫寒之中有见识的一位。她本是陶侃父亲的妾，生了陶侃后，家里很贫穷，每天纺线织布养儿子，不仅供儿子吃饭、读书，还支持陶侃广泛社交。一次有位孝廉寄宿陶侃家，正逢大雪，这位孝廉骑的马没草喂，湛氏便将自己垫的新草帘剁碎喂马；没钱买菜买酒，她悄悄地将自己的头发割去，卖给邻居，换来酒菜待客。第二天，被客人知道了，深受感动，声言："没有这样的母亲，哪有这样的儿子呀！"便向知府游说，使陶侃迈出了仕途关键的一步。陶侃年轻时当县吏，负责监督渔业生产、买卖，为孝敬母亲，带一些干鱼给母亲吃，不料母亲将鱼封好退回，还书信责怪："你为官吏，用官物孝我，不但不能使我增益，反增忧也。"虽是平凡母亲的平凡小事，其奉献精神与深明大义，确实令人感动，无怪乎后来陶侃位居三公，又延续后裔陶渊明淡泊明志，以有君子之风。

慕容垂的妻子程氏，劝谏慕容垂不要立太子宝，后面有祸。苻坚的姜张氏劝谏苻坚不要举兵江左，但谏言终不听，程氏后因言被太子所杀，张氏知其不可仍随苻坚征战，战败被杀。两位的预言都十分灵验，识见非同一般。刘聪的皇后刘氏，举家六女嫁刘聪，致使朝政混乱，但绝非红颜误国，相反，这位刘氏还深明大义，刘聪要大修宫殿让皇后住,廷尉谏言,刘聪要杀廷尉,刘皇后不仅不煽风点火,反而让兵士放了廷尉,挺身而出谏言刘聪:"陛下此怒由妾而起,廷尉之祸由妾而招,人怨国疲,咎归于妾,拒谏害忠,亦妾之由。你让妾有何面目面对青史?不答应我,我就死在这个堂内吧。"刘聪只好放了廷尉,不修殿。

自古亡国怨红颜,是男人给自己找的失败理由,因色而迷,因色而乱,好色的首先是荒淫的帝王呀!红颜只是牺牲品和玩物,称得上红颜祸国的,不过妲己、褒姒,故有其谋的貂蝉、西施,又当别论,具体到人,不可一概而论。这几位皇后、贵人倒确实不应为男人的失败负责,相反,言则有功,行则可佩。

亡国的前秦帝苻登妻子毛氏,连记传者也不知何许人也。"壮勇善骑射",苻登为姚苌所败,"营垒即陷,毛氏犹弯弓跨马,率壮士数百人,与苌交战,杀伤甚众"。最后被俘,姚苌逼纳她为妻。毛氏大骂:"吾天子后,岂为贼羌所辱;何不速杀我。"壮烈一死。诚然,苻登也好,姚苌也好,很难讲谁是正,谁是邪。也许都是贼,但毛氏在生死关头凛然正气,不改其志,还是令人敬佩的。

何况身为皇后,一身武艺,冲锋陷阵,战斗到底,极为罕见。看来从军的花木兰、挂帅的穆桂英、金山擂鼓的梁红玉事迹不会是假的。谁说女子不如男?乱世纷纷的魏晋之际,也有巾帼红装在闪光。

好色君王也恩爱

自古君王多好色。食色，性也，人性使然。史上有名的妲己娱国，褒姒烽火戏诸侯，君主因宠爱亡了国，女人也成了红颜祸水，千古被人谴责。唐玄宗对杨玉环"三千宠爱于一身"，"从此君王不早朝"被人所诟病。白居易的《长恨歌》尽管也铺排了此类观点，但也讴歌了君王与宠妃也有真挚的爱情，香消玉殒之后尚有生生死死的美好回忆，故成为名篇。君王好色，因色得宠，色去爱消，这不是真正的爱情，更谈不上真爱。君王有无喜爱？有无撕心裂肺的恩爱？人们往往怀疑，其实这种怀疑忽略了主体的人性。一部晋史中，荒唐君主很多，我却从中发现了荒唐中的真实恩爱——"伪国"之汉的刘曜对羊皇后，感情之深可圈可点；后燕的慕容熙，对皇后苻氏，恩爱之真，恩爱至深，怕是史上少见，别说是君王，即使是普通百姓，找其例也难。

后燕是苻氏的秦灭亡后，死里逃生的慕容家族又续之立国建的。经几世兄弟相残、叔侄争夺，到了慕容熙手中。这个慕容熙也不是好人，很贪色，本来轮不上他接班的，只因太后丁氏的一句话，让他当上了皇帝。原因是丁氏与他有不清不白的关系，丁氏是他的庶母，这又属于"烝"了。取得皇位之后，他很快又有了新欢，宠幸苻贵人。已立为太后的丁氏吃了醋，与娘家兄弟商量要废了慕容熙。慕容熙得知消息，并不手软，诛杀丁家兄弟，逼丁太后自缢。看来慕容熙对丁氏，不是恩爱，而是贪色与政治利用。

但他对这个苻贵人，倒是真正爱上了，爱得天昏地暗,难舍难分。他马上立苻氏为皇后,又大赦天下,广修宫宇,金屋藏娇,赏封苻氏兄弟,与唐玄宗不相上下。苻皇后喜欢旅游,慕容熙便将国事放下,陪她到处游玩——北登鹿山,东过青岭,南临沧海,将燕所管辖地盘的名胜美景浏览了遍,"百姓苦之"也置之不理。为苻皇后修的承华殿,比皇帝的承光殿高一倍,人往上背土难,致使土与稻谷同价。史载:"苻氏尝季夏思冻鱼脍,仲冬需生地黄。"慕容熙命人设法办到,办不到,杀头。这比从岭南往长安调荔枝哄杨贵妃笑过分多了。

可惜红颜薄命,苻氏死了。这一死,倒展现出一个不可多得的重情恩爱的君主形象来。"苻氏死,熙悲号躃踊,若丧考妣,拥其尸而抚之曰:'体已就冷,命遂断矣!'"这简直将他的命也带走啦。"僵仆气绝,久而乃苏。"他披麻带孝,成天喝粥为生,命令百官在宫殿哭灵,连念经的和尚都要穿白孝服。他还让人检查百官,是真哭还是假哭,假哭无泪的,加罪。吓得百官设法悲伤流泪,怕是辣椒粉在市面上也价贵起来了。

更可笑的是,慕容熙命人给苻氏殉葬,殉葬的人还要精选。他的嫂子张氏,"美姿容,有巧连思",便安排张氏殉葬,张氏的三个女儿痛哭求情也没用。右仆射等官怕自己躲不过,沐浴更衣在家等召唤。上自公卿,下至百姓,全家上阵,为苻氏修坟墓。出殡那天,"熙被发跣步从"。由于拉棺椁的车子太高,太大,走不出城门去,也不拆卸棺椁,而是"毁北门而出"。

如此悲哀,如此隆重,如此上心,谁能想象到这是一个皇帝在为皇后办丧事呢?如果是为太上皇办丧事,慕容熙恐怕会被誉为天下第一孝子!这么重情、痴心,作为一个皇帝,也确实难得。苻氏也许先以色受宠,死后还能获得这种礼遇,这种情意,估计是色所容纳不了的了。作为皇帝,如此表现,天下百姓众而笑之,天下仕女恐怕众而羡之也。百姓笑,是因他作为君王的荒唐;仕女羡,是因他作为男人的痴情。史书的众多记载只表现君王荒淫的一面,却忽略了男人情爱的一面。人的性格是立体的,不是单面、平面的,君王也不过是众多男人中的一员,人所有的他无不具有,只不过诱惑多些,情爱来得容易些罢了。唯其如此,不是更难能可贵吗?当然,评价的尺度不同,看是用君王的标准去评价,还是用男人的标准去评价,兼而优之难,真情的男人往往是失败的君王。不久,慕容熙便被人推翻诛杀了,那时他才23岁,还是个青涩的小伙子。篡权者遂了他的愿,让他与苻氏合葬。不知这对男女情种,是否也化为了双双翩飞的蝴蝶。

由张华想到李斯

　　张华是个大人才,在西晋初期的历史上,是不可不提的。其儒雅、博识、才干堪称一流,偏偏逢到惠帝为皇,贾后当政,司马伦篡位这个年代,演绎了一场人生悲剧。不知为什么,看了《张华传》,我的眼前便浮现出秦时为相的李斯,两人相同之处颇多。

　　两人都是文臣,依靠自己的才能,位居中枢;出身都微贱，没有家族的荣光和祖上故旧的提携，完全依靠自己的本事，担当国家大任。两人在贫寒时，都是胸怀大志，有一番宏远的政治抱负，且都有机会实现了。李斯当年为仓库小吏，因看老鼠所处地方不同，瘦肥俨然区别，长叹"人之贤不肖，譬如鼠，在所之处也"，因而去选择荣华富贵的道路。张华呢？"少孤贫，自牧羊"，而著《鹪鹩赋》以自娱，羡大鹏之九天翱翔，叹"微禽"生而受气，去叩敲庙堂之门。两人的目的都达到了。李斯在秦为相；张华事业的高峰是中书监、司空，仪同三司，封公。结局都是在宫廷厮杀中做了牺牲品，且诛三族，瞬时的辉煌转眼即逝，还搭上了子孙和亲族的性命。

张华与李斯有不同之处：李斯参与了沙丘事变的谋划，扶二世胡亥上台，被大奸臣赵高耍了。张华没参与什么大阴谋，一心维护皇权，也干了些为虎作伥的事，如谋杀楚王玮，为赵王伦入朝铺平了道路，但没参与赵王伦的阴谋集团，相反还打内心里厌恶赵王伦勾结孙秀擅权，对惠帝尽忠，对贾南风皇后尽责；打消晋武帝换太子的念头，坚定武帝立贾为太子妃的意愿，他都是出了大力的；看贾南风胡来过分，深为忧虑，著《女史箴》以讽谏。最后也难逃一劫,结怨赵王伦,见诛。

这两人均有经国之才,且调谐百官,处理朝政,运用自如,完全可以成为一代名相,却碰到胡亥、惠帝这样的皇帝,大才未展,头先落地,只有叹生不逢时了。想秦始皇和晋武帝活得久一些,两人也许是另一番命运。或许是汉之萧何,唐之房玄龄也说不定。

李斯超出张华,在秦始皇时代,创制度、车同轨、书同文,办了一些大事。张华却相形见绌多了,他毕竟没有遇到大秦开国气势恢宏的年代,遇到像秦王这样气吞山河的皇帝,他在痴儿、妇人、奸人的旋涡中鸡争鸭斗,浪费了自己的才气,耽搁了自己鲲鹏之志向。他超出李斯地方,是著《博物志》,留下了一本奇书。这本集多种学科为一体的书,显出了他的博学,可以与以后的《天工开物》《徐霞客游记》媲美。更重要的是,开拓了中国儒生的书写天地。我甚至猜想,多年后李渔的《闲情偶记》类的知识性小品,是否也受张华的影响,最起码是受其思路传承的影响。而李斯呢?除了那篇《谏逐客书》,便没什么大作留下。

张华能写出《博物志》,与他的好学有关。史载其为官前，即"学业优情"，"朗瞻多通"，"图纬方传之书莫不群览"。搬家时，"载书三十乘"。在已有纸帛书写的时代，三十辆大车拉的书算很多的了。"身死之日，家无余财，惟有文史溢于机箧。"他是个好学痴书之官，在今天看来，应是个好官。史书还评价他："天下奇秘，世所希有者，悉在华所。"其中有无"雅贿"不知道，他爱书不爱财应是真实的。也因此，"博物洽闻，世无与比"，成为一个大杂家，传世一本大杂书。

这本书有知识，有趣味，许有传记的成分，但毕竟不是《山海经》之类，有实有据的多，新奇不解的，一是那些原始资料失传，二是囿于我们现有的科学认识。记载的几件事，便算不上荒诞不经。

比如，人得鸟毛长三丈，让张华看。张华说，这叫海凫毛。海凫是什么东西？今天很难论证，许这种动物已灭绝，至于说此物出，天下将乱，有巫术成分了，也许张华想借此以谏惠帝小心吧。陆机请客，招待大家没吃过的肉，张华认出这是"龙肉"，用苦酒洗濯"必有异"，酒中果见五色光起，问厨师，告之是在草堆下发现的小白鱼，因形异味美便献上来。武器仓库封闭很严实，却传出鸡鸣声。张华说，这是蛇化成鸡的。开门查找，果然有大蛇蜕去的皮。蛇变鸡会飞，我认为不稀奇，特有的物种在一定时期，在一定情况下会突然进化异变，这是生物学认定的知识。曾有文载，原子辐射后，老鼠会异变，长到几斤、十几斤重。我在农村插队时，听不少农民说起"野鸡象"的传闻，便是蛇变鸡飞上树，与张华说的差不多。石鼓用蜀中铜材敲响，世有龙泉、泰阿宝剑，张华却是未卜先知。这些均是在有知识基础上的见识。

有种观点认为《山海经》并不是神话，许是地球上曾存在那些动物。理论推断，不谬，动植物的种类每年都以一定速度在灭绝，谁能说那些不是曾生活在地球，已灭绝的动物种群呢？如没有考古的发现，谁相信一度统治地球的是恐龙这类大型爬行动物呢？年代久远，常见的成为稀罕，存在的视为虚无。

值得一提的是，比张华晚些的干宝还写有《搜神记》，专记神怪奇闻异事，便被人们视为神话故事了。干宝说写这本书的由来是因其父亲曾喜欢家中一个婢女，母亲妒恨。父亲死后，母亲将婢女推入墓中活埋。几年后开墓，该婢女又活过来了，因他父亲常拿饮食给她，后来该婢女还结了婚生了子。受此事影响，他才写这本书的。人死复生，阴阳两界，沟通传闻，言之凿凿，使我们后人犯了糊涂。如今三维、四维空间的假想，平行宇宙的猜测，肯定、否定这些神话都难矣。

博识多闻的张华可猜不识之物，却避不开朝堂之祸，正如李斯，有经世之才，却躲不过人生之难。认识另一个鬼魂世界难，认识自身的世界也不容易。尽管自身为人，打交道的同类是人，未知之谜难解之谜也是很多的。

潘岳及"二十四友"

贾充的大女儿为贾南风,惠帝皇后;二女儿贾午,嫁与韩寿,生下贾谧,随贾姓,继贾充嗣。贾谧倚仗姨母的威势,成为惠帝时期权倾一时的人物。他有高衙内似的淫威放荡,但比高衙内聪明。他有文化,常著文,标榜风雅,还招揽文士,呼朋结党,形成西晋中央政权著名的"二十四友"。这二十四友中名人不少,大家熟知的斗富的石崇，文坛才杰左思，陆机、陆云，甚至刘琨，均在其中。为首者是潘岳，可见潘岳的才名盛极一时。

从史传留下的几篇赋看，潘岳的文笔绮丽清新，辞章优美，称得上才华横溢。可人品不敢恭维，其势利熏心，一心出人头地，不择奸贤的做法令后人嗤之以鼻，又正逢风来雨去的乱世，磕磕绊绊，在仕途中翻滚，最终还是被杀了头。

武帝时，他以武帝躬耕籍田为题，著过一篇赋，不知是应运之作，还是自动献媚，看来是后者。赋中对武帝极尽夸张献谄之能事，许是妄求以歌功颂德换得一官半职。武帝看后反映如何，史上没说，只记"岳才名冠世，为众所疾，遂栖迟十年"。坐了十年的冷板凳，方才外放为河阳令，"负其才而郁郁不得志"。他对当朝的山涛、王济、和峤这几位重臣大为不满，在阁道上刻写歌谣讽刺这几位，比如今的游客书"到此一游"来得要有文化品位。许是匿名，没受惩罚。后来找到门路，巴结上国戚太傅杨骏，入杨骏府，以为青云直上指日可待，不料杨骏被诛，受其牵连，差一点被杀了头。还好过去相厚的一位友人救了他，向楚王玮求情，方免一死。

他仍不接受教训，又投靠当朝红人贾谧，为首组织

"二十四友"。每当贾谧文章读出,众友吹捧有贾谊之才;每当贾谧外出,他和石崇"望尘而拜",没有一点文人的清高和骨气,连自己的老母亲都看不惯,劝他要知足,他也不改。潘岳还为贾后、贾谧干了好几件大坏事,如勾引太子使其迷糊中写假书,正出自潘岳之手,乃至断送太子的前程和性命。故史书称其"轻躁、趋世利"。读他的赋,清扬隽秀,如行云流水,为人为何这么轻躁、世俗呢?看来为文和为人有时不能画等号。

也是背上了前科乱投靠的政治包袱,他后来官做得很不顺。他所著《闲居赋》,铺排陈列闲居的田园生活,一幅悠悠自得,无所谓中透出怨气。文章不错,但与陶渊明的《归去来辞》相比较,总感觉还少一点文胆和文骨。陶文是淡泊之心的流露,潘文则是无可奈何的苦中作乐,区别在此吧。

更倒霉的是,赵王伦的首席谋士孙秀为小吏时,曾是潘岳的部下。据说潘当初"耻其为人",推测以潘岳这种自命不凡的性格,当时哪会将区区一小吏放在眼里?谁料想孙秀发了大迹。史载,潘岳去找孙秀,问还记得当年的事吗,孙秀答当然记得,估计态度很不客气,潘岳便知大祸临头了。我猜想，潘岳去找昔日的部下，想试探一下，哪知孙秀不是韩信，也是个小肚鸡肠、成不了大事的人。潘岳又是贾氏的余党，杀他也有理由。

临被杀前，他与母亲告别，说"负阿母"，有愧悔之意，大约想到母亲当初的忠告未听吧。这位有见识的母亲也被倒霉的儿子牵连被杀，被诛族。与他同时行刑的是他的"二十四友"兄弟石崇。他与石崇话别，仍展示了他的文人风采。石崇先到刑场，看到潘岳也来了，明知故问：你也来干什么？潘岳答，"白首同归"呀！这引用的是当初潘岳写给石崇的《金谷诗》，有句"投分寄石友，白首同所归"。生死关头，神态倒是安然。引颈就刑那一刹，不知他可否来得及回顾、总结自己的坎坷一生，失败之源。想当年，貌美风雅，"常挟弹出洛阳道，妇人遇之者，皆连手萦绕，投之以果，遂满载以归"。物是人非，恍然如梦，斯人何去？还不如石崇。石崇尚有个绿珠，为他殉情，在黄泉路等着他。

看潘岳的命运，陆机、陆云的悲剧也不奇怪了。如未早死，众友许在这里见面吧。朋则为党的"二十四友"在历史中留下了一个笑柄。

愍怀太子的悲剧人生

愍怀太子司马遹,是痴儿皇帝晋惠帝的儿子。其母亲谢才人是父亲当太子时偶幸的宫女。他出生后在爷爷晋武帝身边长大,一直到他几岁,惠太子还不知道。惠太子来朝,与小兄弟们拉手亲热。轮到他,武帝才说:"这是你的儿子。"小家伙聪明,爷爷武帝喜欢。史载两件事:一是其五岁时,宫中失火,武帝登楼看救火,小家伙牵武帝衣角到暗中，武帝问原因，小家伙答，天黑，乱，防止不测事发生，人君应在暗中，武帝奇之。二是跟随武帝"观豕牢"，小家伙上谏武帝：猪这么肥，杀了给将士吃算了，在这里关着还浪费五谷，武帝答应了。武帝和群臣都赏识他的聪明，拍马屁者甚至称其今后当是司马宣王，即司马懿似的人物。惠帝在被立为太子时，武帝也不放心他的智商，但终于没反复，将希望寄托于聪明的孙子。

这个聪明的孩子当上太子还是顺利的。贾后虽狂，却生不出男孩，本想调包玩狸猫换太子的把戏，又没成功。庶出的他且为长子，名正言顺地当上了太子。为培养他，也费了心思，望气者言广陵有天子气，便封他为广陵王，分派朝臣重臣，如张华、王戎、何邵、和峤、裴楷等为东宫之官，让一流的有学问大臣发挥所长，教授太子。但不知为何，小家伙聪明倒聪明，却不好好学习，"惟与左右嬉戏，不能尊敬保傅"。许是顽童的天性，也正常，予以正确引导慢慢许可改过来，可忌恨的贾后动起了心思。她以对少年儿童太子放纵，以助长其玩性的方式，密令黄门故意讨好太子。太子长大了，可为所欲为，何必约束自己？看太子被管严了长叹："殿下不知用威刑，天下将来怎么服你呢？"一步步将这个聪明的顽童带坏，使其为所欲为，谁也管不了。太子所幸的美人生了个男孩，皇后说要重赏，令人绞尽脑汁为皇孙造新奇的玩具。小父亲玩心还未泯，与儿子共玩，于是"慢驰益彰，或废朝侍"。而且他越玩越不像话了，在后园驰车奔马，以将轼辕弄断坠地取乐；在东宫开办市场，亲手称秤沽价；不高兴了，对人"手自捶击"。好端端的太子便被贾后阴谋的捧杀、纵杀推向了不归之路。太子身边的舍人着急相劝，也不听。有个大臣劝得急切，小太子竟然让人在他坐的椅子上放针头扎他屁股，完全一副淘气孩子的模样，未来天子的形象、名声消殆下去。

仅这样扳倒太子尚不容易，贾后便使出了狠毒的一招。一天晚上，她以天子名义呼太子入朝，太子到后，不见人，有个婢女端上盘酒枣，逼太子饮酒吃枣，酒枣许放了迷魂药，太子糊里糊涂中，婢女取出一张写有字的纸，让太子写。纸上的字，是那个才子潘岳精心撰写的，堪称奇文，抄录如下：

  陛下宜自了，不自了，吾当入了之。中宫又宜速自了,不了,吾当手了之。并谢妃共要克期而两发,勿疑犹豫,致后患。茹毛饮血于三辰之下,皇天许当扫除患害,立道文为王,蒋为内主。愿成,当三牲祠北君,大赦天下。要疏如律令。

这完全是向皇帝父亲逼宫逼命之书,且是按小孩子的口气与水平所写。操刀者潘岳有才,才能都用到这种害人勾当上来。迷醉中的太子稀里糊涂地抄了,有些字还未抄全。贾后拿这张纸报惠帝,没脑子的惠帝大怒,要赐死儿子,众臣不敢吭气,估计人人明白,这事太荒唐,连张华、裴颜这类贾后信任的大臣也帮太子开脱。"议至日迟未决",贾后怕拖下去生变,不敢要求赐死,退而要求将太子废为庶人,惠帝同意了。待废太子的诏书下,太子还在游园,突然间命运来个大转折。

落毛的凤凰做只鸡也难,势利的太子妃父亲王衍表请离婚。太子答太子妃书函,讲述了那晚事情的经过,将时情时景,那个叫陈舞的婢女如何引他喝酒、写字,说得清清楚楚,可当成小说来读。但又有什么办法呢?狠毒的后母、糊涂的父亲,不白之冤难说了,接下来保命都难。

贾后让自己的情人太医配巴豆杏子丸，让小黄门送去毒杀太子。太子警惕性也很高，不肯服，并且自己煮食。黄门没办法，将他换地方住，不准自己做饭了，由宫中从墙壁间中送饭，逼用药，太子不肯，趁太子上厕所的时候，黄门干脆用捣药杵椎杀了太子。太子声嘶力竭的叫声响彻宫中，就这样结束了短暂的一生，死时年仅23岁，后来谥称"愍怀"太子。

清廉更贵人不知

《晋书·良使传》记有一个名为胡威的官吏,清风雅正,颇为人思。

胡威的父亲胡质曾为荆州刺史,在当时是很大的官了,关羽当年不过也仅镇守荆州一方。胡威要从京都去看望父亲。按说大公子出行,借机游山玩水,旅途破费些不在话下,但由于其父清正廉洁,年轻的胡威也丝毫不逊乃父之风。"家贫,无车马僮仆。"注意这个"家贫",封疆大吏之家竟然"贫",可见为官之清廉。一般土财主,甚或小康之家,子女出远门,也要备足盘缠,起码带上个仆人,雇上一辆车,胡威却"骑驴独行",连匹马都没有,与农夫小媳妇走娘家同样待遇。

官家子弟看望为官之父,可以由驿站接待的,不付钱,也可由父亲代付。野史、传奇中贵公子在驿站吃喝卡要,耍威风比排场的记载不少见。这位贵公子似乎不想多麻烦驿站,书载"每至客舍",这客舍许有驿站,还有不是驿站的普通客店。每到一处,他亲自去放驴,捡柴禾,自己做饭,吃完了,随搭伴的一起又走。在父亲管辖范围的荆州地盘,也没见特别之处。到了父亲那里,"停厩十余日,告归"。注意这个词"停厩",其意在父亲那里,哪儿也不去,谁人宴请也不吃,只在屋里"停",大概仅与父亲说说话。这也了不起,京城来的贵公子,在身为地方大员的父亲掌管的地盘,而荆州又多名胜古迹,不看,不玩。上司的儿子来了,巴结逢迎之徒免不了想借机表达心意,吃吃饭,喝喝酒,再奉上红包,看来也没门。

当然,首先父亲胡质也是好榜样。儿子远来省亲,慈父要送些东西带回去，给了一匹绢供儿子做衣服，不料想儿子不要，反而诘问父亲："大人很清高，哪来的这匹绢呢？"又追问、责怪父亲是否有受贿的行为，父亲只好回答："这是父亲俸禄节余的，专门为你买的。"儿子这才收下。多可爱的一对官宦父子啊！假若都是这样，晋朝何至大乱？假若都是这样，世上何有贪官？百姓何来怨言？

事情凑巧，故事又来了。胡质手下有个都督，正好请假回家探亲，大概也想趁机与刺史的儿子套近乎，便邀请与之同行，估计也是京官外派的吧。胡威答应了，相互为伴以免寂寞，也有个照应。渐渐地胡威发现这个都督有问题，装了那么多车，满满的，都是些什么呢？便悄悄去打听，知道其是个贪靡的都督，便将父亲给自己的那匹绢交给这个都督，以抵偿这几天的伙食、住宿费，又骑驴独自返回京城。这还不算，他还将都督的行为写信告诉父亲。胡质调查核实，杖责都督一百杖，还将其除名，倒霉的都督栽在嫉恶如仇的刺史公子手下。

后来胡威也当了地方官，历任安丰太守、徐州刺史，史载"勤于政术，风仕大行"。入朝时，晋武帝与他谈起他父亲的事,感叹他父亲的清廉,随口问胡威:"你与你父亲谁更清廉呢?"胡威答:"臣不如父亲。"武帝又问:"你父亲超过你哪些方面呢?"胡威答:"臣父清恐人知,臣清恐人不知。"这话答得很巧妙,也很有玄机。清廉,是一种可贵的品质,也是为官为吏者必备的品质,做到且不容易,做到自己的清誉"恐人知"更不容易。古往今来,官场多少人不清廉,口称清廉,偶一为之清廉举动,便自我标榜,想法设法透露出去。更有甚者,典型的两面人,说一套,做一套,表白清如许,行为浊似混,更与胡质父子不可同日而语了。

为官要廉,廉且"恐人知",方才是自觉行动,清廉更贵人不知!人们熟知的:"有些人,做了一点好事,生怕人家不知道。"做好事的动机是否纯粹也是要打折扣的。恐人不知,是否伪善?须得三思。

失据进退哀二陆

陆机、陆云两兄弟,堪称江东英才,文能著文,武能领兵;著文则篇篇珠玑,领兵则韬略满怀,惜在晋壮志难酬,一同遇难。想陆逊当年书生挂帅,打败刘备,火烧连营七百里;陆抗、羊祜相峙边境,互示以礼,演绎战地佳话。祖父辈均一代名将,风流盖世,到了陆氏兄弟这里,虽有大名,建功乏陈,军败致死,唯留名文以传后世,幸哉，惜也？

两人都写得一手好文章，陆机更显赫些，那篇《文赋》成为中国文学批评史的扛鼎之作。悲剧，也是由陆机所引起的。陆机20岁时，东吴亡国，作为名门之后，估计心境与环境状态都不好，"闭门勤学，积有十年"。人说十年读书，十年养气，读书和养气本可同时，可能陆机只顾读书了，忽略了养气之功，所以那么英姿勃发，才气外显，从著《辩亡论》上下两篇可见，分析论述东吴兴亡的过程、结论，不乏真知灼见，且显才华横溢，但其恃才傲物，不可一世的锋芒也显露笔尖。许是这害了他与弟弟。

作为亡国的贵族遗少，投奔新朝，被人所轻，且不可能绝对信任，少不得要夹着尾巴做人，至少要做上一段。要不然，去做隐士，做贤达，不必贪求建功立业。陆机却不然，仗着自己的名气、才华，锋芒毕露，咄咄逼人。刚入晋，有个姓卢的官员问他陆逊、陆抗与他多远，陆机毫不客气地顶撞，"就像你与你父亲、爷爷那么近"，且不留情面，直称对方长辈的姓名，这是犯忌讳的。也许这官员真的不知三陆之间的关系，也许是故意刁难，坐地虎挖苦一下外来户。对方可以不知情搪塞，但陆机这么赤裸裸地反击，失了礼貌，也结了仇怨，有涵养的弟弟陆云都觉得过意不去。

吃苦在脾气上，还可弥补，如因性格自视太高，影响到见识，会铸成大错的。无论一个人才能多大，都要选对时机、环境、人脉，几点相应，方才成功，否则，成功很难。想当年其祖父陆逊不可能不尊贵，孙策的女婿，不可能没才能，20岁出手治县，荡平盗寇，又受孙权之命，领兵剿灭江南土匪，但相当长的时间，默默无闻，直到夺荆州才出场献策，代吕蒙执掌帅印，是麻痹关羽；待掩护吕蒙白衣渡江，打败关羽后，又安然将帅印奉还，全功于吕蒙，直到时机成熟，方才临危受命，展现大才。父亲陆抗，东吴名将，与羊祜边境对垒，深知互吃掉对方难，便采取和靖政策，礼尚往来。这都是知境、知势、知人的典型例子。陆机在这一点上，没有向祖父辈学来。

正因如此，他在晋名气很大，处境却不见得很好，求建功立业心切，看不清大势。赵王伦当权，他追求上进；待赵王伦灭，要不是几个王爷求情，差一点被砍了脑袋。他仍不接受教训，又投靠成都王，还说成都王颖"必能康隆晋室"。别说分清道义忠奸，在看大势上，他就显得极不聪慧，看来《辩亡论》这样的文章只能写写而已，他是写不出《隆中对》的。

大形势看不准，人生进退哲学也不悟。东吴同来的顾荣等人，劝他同回江东，理由是晋室太乱，要出事的。他不听，违背了"危邦不入，乱邦不居"的至理名言，参与诸王之间争斗，兴高采烈地接受了大都督的职务。这时有个邻居劝他："有好几个坐地虎都想当这个都督，你当，他们不服气，晋兵也不会服从你的。"他又不听。果不其然，没当上都督的人向王爷告状。王爷不信任他，派人暗暗监督他，并付予生杀大权。被用见疑，是可怕的事情，诸将协调难，将士归心难，又加上他恐怕没有祖父辈那种实战本领，仗打败了。

胜败本是兵家常事，但一个被怀疑的都督便被人抓住了把柄。监军出现了，带铁骑百余人驰入陆机大营，夺去印，抓了他，就地处决了他，还外带两个儿子。陆云本没责任，受他牵累，也被诛杀，另一个弟弟也无辜地受牵连伤命。可怜满腔抱负的陆机，一心想成就祖父辈的功业，却这样糊里糊涂地死在小人之手。怪谁呢？史书说，陆机受命，犯了"三世为将，道家所忌"。这有一定道理，但三世为将不一定都不行,"道家所忌"说对了。道家讲究以退为进,以柔克刚,以空为实。具体到人生,要知进知退。陆机到晋,一味贪进,不择机选时,不明势看趋,不知人选主,更不知以退换进,失败了。可惜了,死时才43岁,不惜他的抱负和将才,而惜他的文才。

陆云比起乃兄,性格、见识好多了,但也因株连而灭,更可惜。杀他时,许多重量级人物为他求情也无用,看来是天灭陆氏了。想陆逊始,三代人才济济,前赴后继,文才武略,超世一流,命运对陆氏太青睐了。月盈而亏,水满则溢,这样的结局,陆家早该知退了。

历史周期率

东汉末至魏晋的历史，皇权更移的频率惊人之高。曹操以大汉丞相之身，玩汉献帝于股掌，儿子曹丕干脆以魏代汉，演出禅让的闹剧。谁料在魏明帝之后，司马懿父子又玩魏帝于股掌，手段比曹操当年还要残忍、随性，动不动换皇帝，甚至杀皇帝。到司马炎，干脆又将魏帝推到一边，又演出禅让闹剧。司马氏的政权巩固仅一代，二代晋惠帝便大权旁落,皇后乱宫。八王乱政毕竟还是司马氏家内的事,西晋的后两代皇帝怀帝、愍帝连汉献帝的命运都不如了。身为俘虏,史上用一个漂亮的词"蒙尘",被人呼来唤去,宴会青衣斟酒,更衣照镜梳妆,戎衣执戟护卫,受尽凌辱,最后还是被杀,连光明堂皇的禅让资格都没有。东晋开国,有些生机,但第一代、第二代元帝、明帝,也经历了军阀攻进宫门,几近退位的惊险。后来从成帝到武帝五代,勉强撑住了,但也是朝中权臣弄权,地方封建割据,实际上连汉献帝对蜀、吴的影响力都没有,只是与纷纷而立国的诸侯分享一块地盘而已。即使是这样一块小地盘,小皇帝也是被玩弄于权臣,如桓温、桓玄等的股掌之间。到了后两代安帝、恭帝,更是被人玩来玩去的傀儡皇帝。结局中,刘裕也玩了一出逼禅让的把戏,晋的大幕便落下了。

前代逼人禅让,后代被人逼禅让,历史竟如此相似,而且周期如此之短,不得不让人瞠目结舌。难道世上真有善恶报应?按照黑格尔"凡存在的都是合理的"的理论,这存在之理在什么地方呢?历史学已经接近哲学了,历史的发展进程也给哲学提供了哲理的依据。由此我想起了中国古典哲学的"五行说",想到了著名的"周期率"

原理。"五行说"中，金木水火土相克相依，相斥相生，生灭循环，生生不息，甚至老子论道，《周易》谈易，谈的都是变化、转化。无所谓至刚，无所谓至柔，刚柔互克，刚柔又互济、互转。无所谓全凶卦，无所谓全吉卦，六十四卦卦卦相连，渗透互转。最简单的例子：沉，"潜龙在渊"；浮，"亢龙有悔"，无不充满辩证法的原理。

周期率谈的是一个人、一个政党、一个团体，乃至国家，其兴也勃焉，其毁也忽焉。兴，是造化；毁，是报应。从曹魏到司马氏，哪一个不是循这样的路子行进呢？夹缝中生存的汉献帝，祖上刘邦、刘秀当初何等的英姿雄发，大汉立国又是何等的气壮山河，但都俱往矣，走到子孙仰人鼻息的这一步。都说末代之君不争气。不争气的有，晋的几位亡国亡君看来都不愚，也不算昏，被司马昭杀的高贵乡公曹髦，更不笨，史载其尊儒熟经，还敢于仗剑领侍卫去杀司马昭，尽显敢作敢为的勃勃英气。但无一例外，国亡了，被杀了，禅让了。这不是亡国之君一个人的责任，国的气运没了，再折腾也没用。气运决定于什么？决定于团体。曹魏集团、司马氏集团，其兴时，哪一个不是齐心协力、人才济济、生机勃勃呢？西晋的没落，确实始于惠帝，但惠帝这个痴儿智商，磕磕绊绊还支撑了20多年，因为司马氏集团的雄风仍在，强弩之劲未临末时。当时没有外来的力量可与司马氏集团抗衡，于是那些王便内部杀来杀去，推助晋的国运快速跌落，乃至最后"其亡也忽焉"。

五道轮回也好，周期率也罢，是事物运行的规律、历史发展的规律。摆脱与改变这种规律难，顺应与延续这规律还是可以办到的。其根本原则在于顺应与革新。顺应，即在历史规律运行的方向下去运动。故孙中山有"历史潮流，浩浩荡荡，顺之则昌，逆之则亡"之说，反帝制，建共和，名传青史。再者，要革新。周期率是规律的运行，是依常道而生的，倘若事物不循常道，应历史大规律革新自我，实现凤凰涅槃式的再生，延缓从兴至亡的过程，甚至走上新生之路，也不是没有可能。光武帝刘秀在西汉废墟上建立东汉，晋元帝司马睿在西晋沦亡后建立东晋，从某种意义上说，正是这种延续与更新的例证。

穷则变，变则通。封建王朝遇到危机时，往往以五行说改元易朔，念"火克金，金生土"之类的。道理是对，但仅停留在表面，行吗？

《广陵散》曲尽有余音

稀世名曲《广陵散》，随着嵇康的离世绝矣！人们想到《广陵散》，眼前浮现那位傲然立世的嵇康形象：山野长啸，柳荫锻铁，竹林清谈，书《与山巨源绝交书》，与大隐士孙登食石髓而畅酣……名士嵇康、隐士嵇康、放浪形骸与视死如归的嵇康，似乎构成《广陵散》组结的人生音符，也去了。曲尽人终，尚有余音绕梁，这便是嵇康的儿子嵇绍。

嵇康死时,嵇绍方才十岁,虽与山涛绝交,但知山涛之为人,托孤于山涛。山涛不负老朋友的托咐,照顾嵇绍,推荐、提携嵇绍。嵇绍在世也立英名,入《晋书·义烈传》,有乃父之风,又不同乃父之生活、之命运,也算《广陵散》余音的变调吧。

受父亲嵇康的牵连,嵇绍的成长期"靖居私门"。估计没有父亲交往清流谈玄学的机会,也没有服五服散、好神仙、结交隐士的记载。没有山涛关照的嵇绍,会是什么命运?不得而知。山涛引荐了他,按照自己的思路,向武帝推荐其为仕,只望他做个郎官,没想到晋武帝倒大度,说:"既然像你说得这么有才能,哪能做郎官呢?应为丞吧。"于是一起步便做了秘书丞。

虽然不吻合为父的志向,也不一定符合嵇康的意图,托孤于山涛许是就想到让儿子日后有更好的生活,己之所欲,勿施于儿吧。嵇绍风度、气质倒有乃父的影子。刚进洛阳,人告王戎,嵇绍"昂昂然如野鹤之在鸡群"。王戎说:"你还没见过他父亲呢。"言外之意,嵇康的鹤立鸡群风仪更突出。嵇绍当官,可能很勤勉、认真,一步步升任汝荫太守。他也有才,其识人之明,有据可查。有个丞相赞他,假若让嵇绍当吏部尚书,可使天下无遗才,这可是极高的评价。他与人相处,似乎与嵇康有所不同。任徐州刺史时,正巧与斗富逞能的石崇同僚。石崇是有名的性格骄暴,而嵇绍与他关系很好。估计是父亲吃了钟会的亏,母亲耳提面命教诲的结果吧,这只是推测。

嵇绍在朝为官时,正逢"八王之乱"。乱事之秋,保身且难,而嵇绍却混得不错,官越做越大,反反复复的王上来下去,但他很少受影响,虽有几次小挫折,被贬下来,很快便又上去;削去职,很快又复职。其中隐情难知,从经历上看,他似乎不拒绝为官,为官且认真办事,为官且有原则,有人格。比如,贾谧当权时,连潘岳这样的人都攀附,也想拉拢嵇绍。嵇绍不应,待贾败,潘等皆被诛,嵇绍反而升了官。赵王伦篡位,齐王冏辅政。城头变换大王旗,他不投靠,也没辞官,还有几次言之有理的直谏记录。特别是在齐王冏府议事时,有人说他琴弹得好,怎么劝,他也不弹,说身为官,不能唱堂会,如身无官,可当伶人,显出嵇康身上的风骨。兵乱、宫陷,谁也顾不上谁了,他只好独自逃命,差一点被埋伏的乱兵射死。这时，又是乃父遗传的风度救了他。有将士见他"姿容长者，短非凡人"，罢了手。他跑回老家躲了起来，上面又拜他官，他未接受，大概是受惊吓了。

河间王和成都王进京师讨长沙王时，在众人推举下，又让他任前军都督。六军之士推举的理由也奇怪："嵇侍中戮力前驱，死犹生也。"意即看中他不怕死的性格，这又有乃父之风。没想到这下栽了。不久长沙王兵败，嵇绍被削职为"庶人"。但时间不长，皇帝亲征，又来征召他，看来先是反应慢，听说皇帝蒙尘，又紧赶快跑赶来承命，直接跑到痴儿皇帝的行在所，赶上王师败绩，众臣、将官正四散逃跑，嵇绍却像飞蛾一样向火里扑，"唯绍俨然端冕，以身捍卫，兵交御辇，飞箭雨集。绍遂被害于帝侧，血溅御服"，死得悲壮，死得壮烈。难以想象，一味采药好神仙的嵇康，却有这样一个儿子血洒在战场上，死在护卫皇帝的紧急关头。看来真正是不怕死。连麻木呆痴的晋惠帝都深为感动。战后，左右人要洗他的血溅衣服，惠帝不让，说："这是嵇侍中的血，勿去。"

不知嵇绍武功如何，会不会打仗。从文官的经历看，他不会是武将人选，但却当过前锋都督，危难时刻又充当御前侍卫,想来晋时用将也够大胆。这位书生义士也还是有些迂的,这又似乃父之风。行前,同僚问他有无快马,他正色反诘:"大驾亲征,以正伐逆,从道理上说必有征无战,如果皇帝保不住,我也得杀身成仁,要快马干什么呢?"弄得关心他的同僚反而不好意思。书生勇则勇矣,想得太简单了,哪是什么有征无战,分明是战得十分残酷,义士只能悲壮地充当肉弹以保皇帝。

父亲嵇康头斩刑场,儿子嵇绍血染沙场,都是视死如归。一个死在强权下,一个死在强敌下,都是浩然正气。嵇康死前,一曲《广陵散》,千古绝唱;嵇绍死时,没有那么浪漫,而是血映残阳。是变调《广陵散》余音的音符吗?是高亢激越地一弹,弦断了。同为千古绝唱!

后 记

　　这本书，是《横看三国——词话三国人物》的副产品，也可以说是论三国书的姊妹篇。因写三国的人物，自然要旁及到《晋史》。读《晋史》时感慨许多有趣的人物、事件，便随手记下一些感想，没想到竟积了几十篇。有些人事是熟知的，有些却是较生僻的，觉得还有些意思，便结集出版了。

晋的国祚，在中国历史上并不算短。东西晋加在一起，甚或还可包括明帝以后的魏（那时实际上已是司马氏掌握权柄了），前后十多位帝王，却不似历史上其他几百年的王朝那么有名，也不像秦、隋之类统一的短命王朝那样生辉，相反，给人一种暗淡之感。因其暗淡，知之者多，熟悉者却少。究其原因，这个王朝混乱时期居多，无论西晋还是东晋，安定的时期都很短。西晋从惠帝之后，东晋从武帝之后，事实上，皇权已经旁移了。因乱多，变多，头绪也纷繁，不是搞专门研究的，理清楚恰是很不容易。

这几十篇随笔，是按《晋史》的顺序而写，也算是勾勒出了晋的轮廓，故书名称"脉望"。不经意间，竟撞上一个有文化色彩的名词。据古代一则笔记载，"脉望"是由书虫仙化的一种物，因三次吃了"神仙"书字，而成仙物。传说，看到脉望的人如有仙缘，会成神仙，便借这个吉言以奉读者。

谢德新

二〇一九年十二月于北京木樨地